大是文化

美國普立茲獎作品
《世界文明史》最終篇

讀歷史，我可以學會什麼？

The Lessons of History

二十世紀最偉大歷史著作
精華結論，告訴你

U0020861

已故知名歷史學家、哲學家
威爾・杜蘭（Will Durant）
與妻子**艾芮兒・杜蘭**（Ariel Durant）合著
吳墨 譯

CONTENTS

CONTENTS

推薦序一

讀史，讓我們知道何謂「進步」

文／公孫策（歷史評論家）

本書是知名歷史學家威爾．杜蘭的經典著作《世界文明史》的最終結論，在三十多年前就已完成。

他在本書中毫不留情敲醒了人類的自大：即使現代交通工具時速可達兩千英里，我們還是兩隻腳穿著長褲的猿猴。

我認為，上述這段話是本書，甚或說是全套《世界文明史》的基本出發點。作者將我們拉回「以生物法則重新檢討人類歷史」，相對於晚近的顯學「大歷史」，又多開啟了一扇讀歷史的窗子，讓歷史不再只是帝王、將相與戰爭。

雖然本書完成至今已三十多年，但是作者對文明史的獨到見解（中國語言學家季羨林教授對他推崇備至），卻一直被「人是地球的主宰」的主流思想刻意漠視。但可堪告慰的是，威爾．杜蘭並非第一個有此獨到見解，且被刻意漠視的哲學家。中國的先秦哲學書《列子》就有如下一個寓言：

齊國貴族田氏大擺流水席，來了上千食客，珍饈滿桌，有魚有雁，田氏感嘆的說：「老天對人類真是太好了，繁殖五穀，生育魚鳥，以供人享用。」眾食客聞言附和：「是啊！是啊！」

另一貴族鮑氏的小孩年僅十二歲，也在席間，他趨前對田氏說：「不是大人講的那樣吧，天地間萬物與人類並存，類無貴賤，完全看智慧高低、力量大小，相制相食（生存競爭、物競天擇），並沒有誰為誰而生。如果食物是為人類而生，那麼蚊蚋吸人血、虎狼食人肉，也是人類為蚊蚋、虎狼而生嗎？」（《列子．說符》）

這一則寓言「埋」在典籍之中兩千多年，也是被「人為萬物之靈」的主流思想刻意漠視，中國的列子對美國的威爾．杜蘭應該有知音之感吧！

人類的災難早有預警

「生物法則」最令人驚嘆於杜氏之先見的，是他在書中寫到：「人類的歷史是浩瀚宇宙的一個小點，它給我們的第一個啟示是『戒慎恐懼』，隨時隨地都可能有顆彗星太靠近地球，……讓居住其中的人和所有物種一起同歸於盡。」

「歷史受地球的地質所影響，日復一日，……有些城市就此沒入水底，沉陷的教堂敲起輓鐘……人類生活在其中，其驚險程度有如伯多祿走向步行海面的基督。」我在寫這篇推薦序時，正好是日本發生世紀大海嘯之刻。而杜氏卻在三十年前就已發出了警語。

回歸到生物法則之後，人類應該更謙卑的對待地球、對待萬物，當然也包括對待周圍的弱勢族群。

貧富差距問題的省思

杜氏也點出了羅馬帝國滅亡的原因，原來蠻族之所以能入侵羅馬，是因為之前羅馬軍隊的戰士多半為農夫，他們吃苦耐勞願意為保衛土地而戰，但後來廣大的土地為少數人所有，原本吃苦耐勞的農夫成了在土地上無精打采的農奴。看看《莊子》的寓言：

東野稷向魯莊公展示駕馬車的技術，只見馬車進退自如，車輛在地上壓出的軌跡，直得像木匠畫出的墨線；馬匹左旋右轉，輪跡像圓規畫的一樣圓。魯莊公直誇好，認為這已經是駕車技術的極致了。魯國大夫顏闔說：「東野稷的馬車就要翻了」，不一會兒真的翻車了，莊公問顏闔：「何以知之？」顏闔說：「他的馬已經力竭，仍然驅策不停，怎麼可能不翻？」（《莊子．達生》）

對馬尚且不應窮竭其力，何況對人。看看北非、中東發生的「茉莉花革命」，再看看杜氏在書中寫的：「美國……已逐漸拉大了人與人之間財富的距離，目前（一九六八年）最富者和最貧者之間的差距，是自羅馬帝國以來最大的。」美國人大可以慶幸美國並沒有發生如杜蘭所言：「來場革命，導致均貧」。但美國的主政者難道可以不反省：中東發生革命的，大都是親美政權，孰令致之？而相較於一九七五年的美國，今日中國貧富之懸殊，北京政府難道不應該也有所警惕？

對人類有利才是好

威爾．杜蘭這本書的最大啟發，是將哲學思想灌注於史學之中，在他的觀念裡，「保守是對的，創新也是對的；科技有好的，也有壞的。」重點在於這些造就了文明，文明製造了新種族（而非種族製造文明）。而一個種族的成功或失敗，正在於他們在每一個關鍵時刻，選擇（或不選擇）某一種科技創新。《墨子》的寓言：

公輸子（即魯班）用竹木削成了一隻鵲，可以飛在天空三天不落下來，公輸子自認為手藝極致高超。

墨子對他說：「你做這隻鵲還不如匠人做車轄（固定車軸的插梢）。他只用三寸木料就能承受五十石的重量（一石為一百二十斤，五十石為六千斤），所以做事要對人有利才叫做巧，對人無用就叫做拙。」（《墨子．魯問》）

我不知道目前世上，有沒有不用燃料就能飛行三天不落地的玩意兒，如果有，那真是太可惜了，因為居然沒能發揚光大。這個故事的重點在於，當時的中國人沒有選擇公輸班的「鵲」，而選擇了每個人都用得上的「車轄」，也就是揚棄創新，而選擇了保守。威爾．杜蘭的史觀同樣也是「對人類有利才是好」，在他眼中，「對環境的控制增加了，才叫做進步」這句話今日聽來確是警世鐘聲，但卻被刻意漠視了三十多年。

所幸時間仍不嫌遲，人類還來得及與地球環境修好，前提則是揚棄「人為萬物之靈」的價值，重新以「生物法則」為思考原點。這應該是本書的最大意義。

推薦序二

究天人之際，通古今之變的一本書

文／蕭雄淋（知名律師）

從高中時起，我就喜歡讀威爾．杜蘭的著作，當時只讀他的哲學入門書《哲學的趣味》和《哲學的故事》二書。他寫哲學家的生平寫得生動有趣，寫哲學家的思想，淺顯易懂而有條理。讀威爾．杜蘭的著作，是一種愉快的生命享受。

後來我又買了一套幼獅文化公司出版，由作者寫的《世界文明史》，這是一部包羅萬象的人類思想史。很難想像世間有人學識能夠那麼淵博，又把古今哲人的思想和人類歷史的演變，寫得那麼深入淺出、栩栩如生，有趣而充滿了哲理。

我有空就抽出一冊來讀，大女兒在國外讀書，我也特別買一套送給她。她讀翻譯書不過癮，又花錢買了一套原文版。後來幼獅文化公司因為版權取得原因，無法再繼續發行，十分可惜。

歷史家司馬遷告訴我們，知識分子的最高境界是「究天人之際，通古今之變」。威爾．杜蘭是我們這個時代，「究天人之際，通古今之變」的典型代表。他對人類全部文明史如數家珍，更難得的是，具有像寫《歷史研究》（*A Study of History*）的湯恩比（Arnold J. Toynbee），以及寫《西方的沒落》的史賓格勒一樣，對人類的歷史和文明，有整體的洞察和睿智的觀點。

字裡行間，充滿令人深思的雋語

威爾．杜蘭有學究般的考據史料功力，卻非學究般的「下筆千言，胸無一策」，他的著作在字裡行間，常常有令人深思的警言雋語，就像法國思想家帕斯卡（Blaise Pascal）、文學家蒙田（Michel de Montaigne）及群眾運動學家賀佛爾（Eric Hoffer）的著作一樣，處處有思想風格獨特的嘉言。

本書是作者《世界文明史》的最後一冊，也是作者對人類文明智慧和歷史觀察的最後心得結晶。我們如果不能讀完全部的《世界文明史》，至少也應讀這最後一冊，因為這是威爾．杜蘭研究文明史的結論和最終智慧。

在本書中，他上自天文，下至地理，中通人事，包羅萬象的探討人類的一切事物，包含種族、心理、道德、宗教、政治、經濟、戰爭、人性等。我們常在他綜觀人類歷史後，對文明有著與流俗不同的觀點，而低迴不已。他不盲目讚揚民主政治，他對生育率高可以改變歷史舉證歷歷，他認為和平是不穩定的均勢，只能在弱服強或權力相當之下才能維持，這些觀點，都能對現階段的臺灣帶來極大的反省和啟示。

渴望知音，不是企求信徒

最後，我特別要提醒讀者，跪著的人，無法平等思索，不能真正了解威爾．杜蘭。所以不要以崇拜之心來看這本書，而應以「與朋友對話」的平等態度來讀。你不是來接受觀點的，而是要在他的觀點中，尋求當今的啟示。須知，如果你只是威爾．杜蘭的信徒，你絕對不是威爾．杜蘭的朋友。威爾．杜蘭不是神祇，他是一個人道主義者，他只渴望知音，而不是企求信徒。

（本文作者為知名律師，臺北大學法律系兼任副教授。）

推薦序三

讀歷史，培養思考能力

文／陳惠珠（高中歷史老師）

威爾．杜蘭花了五十年的時間完成《世界文明史》這本鉅著，而此書則是該鉅著的結論。從書中的章目與內容，可以窺知作者將自身觀察歷史發展的想法，設定了地球、生物、種族、人性、宗教等角度來探討，並以中外歷史的發展來支撐、論述其觀點。

舉凡過去發生的事都可以成為歷史，學者也只能挑選感興趣，或是有意義的事件加以描述，這就構成了今日大家所熟悉的「歷史」。我們或許沒有時間研究歷史，也沒能閱讀完威爾．杜蘭十多卷《世界文明史》的鉅著，但當我們想要了解世界文明的特色時，本書提供了世界文明簡要的發展脈絡。

當然，此書的論點是威爾．杜蘭於一九七〇年代提出，隨著歷史研究成果的累積，有些論點或許有討論的空間，然正如作者在第一章開宗明義指出，我們得有「歷史是片面」的認知，並暫且安於目前的臆測，同時，他也希望讀者，能從歷史中學會耐心的等待現實，並尊重彼此的歧見。因此，讀歷史並非要強記所謂的知識，而是要從過去的故事中培養思考的能力，以及培養尊重不同意見的態度。

以「社會主義的歷史歸宿」這一章來說，作者舉了古今中外歷史的一些例子，說明以往的歷史中曾有「社會主義的實驗」，例如從蘇美人、巴比倫，以及托勒密王朝以政府的力量管制經濟，並討論了控制經濟的後果及影響。此外，作者也描述漢武帝、王莽、王安石的措施，來討論中國歷史上政府控制經濟的結果。最後，作者述及蘇聯共產政權的發展，以及共產主義與資本主義對彼此的恐懼，使兩者之間的發展越來越近。

過往，像天堂一樣遼闊

就歷史研究的角度來說，「社會主義」的名詞或許有固定的使用範疇，上述的歷史發展是否為「社會主義的實驗」，可以再議。但這一章的論述方式，凸顯作者先觀察世界文明的發展，再提出幾個歷史發展的重要角度，並試圖從這些角度出發，歸納出歷史發展的脈絡。

威爾．杜蘭這樣觀察歷史，提出個人的見解，並希望藉由歷史來理解現在，這些都是本書所要傳遞的重要觀念，也是作者試圖要告訴讀者的概念：讀史的重要意義，是要將「過往」視作「像天堂一樣遼闊的空間」，而個人可以從這片遼闊的空間中，建立起每個人的歷史理解。

第一章

讀史，
是為了採取行動

對任何將歷史發展
硬套入理論模式或邏輯框框的作法，
「歷史」總是一笑置之。

歷史學者在完成研究工作之後，通常得面對下面這個挑戰：「你的研究有何用處？只是聊些城邦興亡、理念的消長，並重述些君王崩殂的悲慘故事嗎？」

比起那些很少看書、光聽街談巷議就能對人性了解一二的人，你有沒有更透徹的領悟？你能否藉歷史燭照出現今的情勢？藉歷史做出更好的判斷及政策？藉歷史為殷鑑，免於對重大變革與挫折措手不及？你能否藉過去的事件觀察出一些規律，進而預測人類未來的動向，或一個國家未來的興衰？

又或者像某些人所認為的「歷史不具任何意義」——它不能教導我們什麼，浩瀚的過往，只不過是錯誤一再發生的排練和預演，而且，未來注定要上演一齣錯誤更大的悲劇？

有時我們（作者自稱）真的有如此感覺，歷史學家的專業，經常遭到無以計數的懷疑。首先，我們真的能知道過去發生什麼事嗎？或者，歷史只是一篇「杜撰」，不可全然相信？我們對於過去任何史實的理解都是不完全的，甚至是不正確的，歷史已經被那些全然相反的證據，或存有偏見的歷史學家蒙上一層薄霧，或者被我們自己的愛國心、宗教熱情所扭曲。

「歷史大部分是臆測，其餘則是偏見。」即使那些自認能超越國家、種族、信仰或階級的歷史學家，他們在資料選擇與遣辭用字上的偏差，仍免不了洩露出個人的偏見。「歷史學家經常過於簡化，在浩瀚的人物及事件中，隨便挑出一些容易整理與編排的部分，甚至對於這些複雜的人事物，從未全然真正的領悟與了解。」——因此，我們從過往得來的結論，在瞬息萬變的今日，更難以推論未來。

現在的縮影，過去的鋪陳

一九〇九年，著名詩人作家夏爾・佩吉（Charles Péguy）曾說：「自耶穌基督以來的世界變遷，遠不如過去這三十年以來的改變。」某個年輕物理學博士也曾說，物理學自一九〇九年至今的變化，遠比有史以來的還要多。

每一年（若是在戰時，甚至是每一個月），總有某些新發明、新方法或新的情勢，迫使人們的行為及觀念做出改變。

例如，我們已經不能確定「原子」，更別說是微小的有機體，會像以前我們所認定的那樣發生反應。如今我們知道「電子」，就如英國詩人古柏（William Cowper）❶筆下的神祇，以神祕的方式展現它的奇妙。反之，歷史不像科學，某些奇特的人格特質，或行徑可能弄亂國家的發展，如亞歷山大大帝（Alexander）因酗酒而亡，使其新帝國分崩離析；或者如普魯士腓特烈大帝（Frederick the Great）因一位迷醉普魯士文化的俄國沙皇繼位，使國家得以躲過戰禍（西元一七六二年）❷。

很顯然的，歷史的編纂不能像科學一樣，其理至明。它只能像某種工業——因為它實事求是；像藝術——因為它將紛亂的資料理出頭緒；像哲學——為它提供不同的視角與啟蒙。「將現在視為過去的縮影以求行動，將過去視為現在的鋪展以求了

①英國浪漫派詩人古柏（1731-1800），以讚美詩聞名。

②一七六二年一月，俄國女沙皇彼得羅芙娜去世，因本身無子嗣，其侄彼得三世上臺。彼得三世對普魯士腓特烈大帝的武功崇拜得五體投地。五月，俄國和普魯士達成停戰協定。俄國沙皇彼得三世不僅不攻打普魯士，還反過來命令切爾尼謝夫將軍率領兩萬俄軍援助普魯士。

解。」——至少我們這麼想，也希望如此。哲學教我們由宏觀入微觀，在「歷史的哲學」中，我們嘗試藉過去的歷史來理解現在。

幫你學會耐心看待現實

我們了解，這樣的方式並不完美，面面俱到的觀點並不存在。畢竟我們無法全盤了解人類的歷史；在蘇美（Sumerian）或埃及文明之前，可能已經有很多其他文明存在；我們現在才開始發掘而已！因此，**我們得有「歷史是片面」的認知，並暫且安於目前的臆測**；我們對於歷史，也該和科學、政治學、相對論和其他法則一樣，抱持懷疑的態度，對於所有的說法都該存疑。「對任何將歷史發展，硬套入理論模式或邏輯框框的作法，『歷史』總是一笑置之；歷史不受概論約束，打破所有成規，就像巴洛克（baroque）[3]般不規則。」或許在這些限制下，我們能從歷史中學會耐心對待現實，並尊重彼此的歧見。

人，只是天體運行中的一小點，是地球的短暫過客、小胚胎的發軔、某種族的後裔，一個由身體、個性和心智組成的複合體，是家庭和社群的一員，是某種信仰的信奉者或懷疑者，是某個經濟體的一個單位，或許是某個國家的一個公民或某個軍隊的士兵，我們大可由以下這幾個項目——地理、生物、種族、心理學、道德、宗教、經濟、政治與戰爭——來探究歷史對人類天性、行為、及未來的看法。

這是個吃力不討好的工作，也只有傻瓜會嘗試將好幾百世紀的歷史發展，濃縮在結論還不確定的兩百頁裡。而我們真的嘗試了。

③巴洛克（baroque）此字源於西班牙語及葡萄牙語的「變形的珍珠」（barroco），為「俗麗凌亂」之意。歐洲人最初用這個詞指「缺乏古典主義均衡特性的作品」。

威爾・杜蘭嘉言錄

・比起那些很少看書、光聽街談巷議就能對人性了解一二的人，你有沒有更透徹的領悟？

・將現在視為過去的縮影以求行動，將過去視為現在的鋪陳以求了解。

・歷史是片面的，但我們要在這限制下，從歷史中學會耐心看待現實。

第二章

地理，
是歷史之母

創造文明的是人類，

不是地球。

首先，我們將歷史——即便它錯綜複雜——定義為過往的事件或紀錄。人類的歷史是浩瀚宇宙的一個小點，它給我們的第一個啟示是「戒慎恐懼」。隨時隨地都可能有顆彗星太靠近地球，將我們撞得昏頭轉向，或釀成大火，煙燻窒息，讓居住其中的人和所有物種一起同歸於盡。

又或者原本溫煦的太陽，有天可能突然偏離軌道（有人說地球億萬年前就是這麼形成的）來給地球一個熱情的擁抱，結束大家的苦痛。我們應勇敢的接受上述這些事情會發生的可能性，並以法國著名的科學家帕斯卡❹的名言回應宇宙：「在宇宙戰勝人類時，人類仍強過戰勝他們的這股力量，因為人類知道自己即將滅亡，而宇宙對自己的勝利卻一無所知。」

歷史受地球的地質所影響。日復一日，有些陸地遭海水淹沒，有些海域則遭陸地

④帕斯卡（1623-1662）是法國著名的科學家，水壓機原理就是他發現的。他著名的托里切利（Toricelli）大氣壓力測量實驗，證明空氣是有壓力的，轟動法國一時。

侵占；有些城市就此沒入水底，沉陷的教堂敲起輓鐘。山脈隨著成形的節奏起伏；河水漲退、乾涸、或改道；山谷化為沙漠，地峽化為海峽。由地質學的角度看來，所有的地表都在不斷的變動，人類生活在其中，其驚險程度有如伯多祿乘浪走向步行海面的基督❺。

文明操控氣候，氣候操控文明

氣候已經不再如法國十八世紀啟蒙思想家孟德斯鳩（Montesquieu），和英國史學家巴克爾（Henry Thomas Buckle）所言那般嚴格限制人類，但它多少還是能對我們造成某些影響。

人類的聰慧常可克服地理上的障礙：我們可以灌溉沙漠，也可以在撒哈拉沙漠上裝冷氣；人類可以剷平或翻越高山，也可以將丘陵開闢成梯田種葡萄；人類可以建築在海上移動漂浮的城市，也可以建造巨鳥航行天空。

不過，一場颶風可以在一個小時之內，摧毀人類花一個世紀才建造起來的城市；

一座冰山可以翻覆或粉碎海上宮殿，吞沒上千個尋歡客，送他們到極樂世界。降雨若不足，則文明被沙漠湮滅，中亞便是如此；降雨若過多，文明就得和沼澤叢林搏鬥，中美洲便是如此。人類居住的密集地帶，若平均溫度上升二十度，我們可能會倒退成遲緩的野蠻人。一個位於亞熱帶、有五億人口的國家，雖然可以像螞蟻般大量繁殖，但一旦氣候發生變化，還是會讓他們被來自溫帶地區的戰士所征服。人類世世代代對**地球的操控越來越嚴重，但最終還是躲不過與樹木同腐的命運。**

地理是歷史之母，它提供了哺育的養分和文化。河流、湖泊、綠洲和海洋吸引了人類傍其定居，因為水是有機體生存的必須和城鎮的生命，也提供了運輸和貿易的廉

⑤在基督行完用五條麵包餵飽五千人的神跡後，祂指示門徒搭船過加里肋亞海到貝特賽達，自己則入山中禱告。門徒夜裡在海上遇到風暴，天將曙時，他們見到基督走在水上，門徒以為遇到鬼魅而驚恐呼號，但基督要他們別慌張。門徒伯多祿說：「如果你真是基督，保佑我也能安然走在水上，到你處。」基督說：「來。」伯多祿跨下船走向基督，但當他看到風浪那麼大時，不免心生畏懼，信心全失，就開始下沉。基督於是出手相救：「沒信心的人啊，你為何懷疑呢？」基督扶著伯多祿走回船上，風便息了（見《瑪竇福音》14：22-36，《馬爾谷福音》6：45-56，《若望福音》6：16-21）。

價管道。

文明，總遇水而發

埃及是「尼羅河的禮物」，美索不達米亞（Mesopotamia）則是在底格里斯河及幼發拉底河之間及其支流，連續建立了綿延的文明。印度是印度河（Indus）、布拉馬普特拉河（Brahmaputra，或稱雅魯藏布江）及恆河（Ganges）的女兒。

中國的文明及苦痛，則拜幾條時常氾濫的大河所賜，氾濫的河水肥沃了周邊的土壤。義大利城鎮沿著台伯河（Tiber）、阿諾河（Arno）及波河（Po）河谷分布。奧地利沿多瑙河（Danube）發展，德國沿著易北河（Elbe）和萊茵河（Rhine）成長。法國則沿著隆河（Rhone）、羅亞爾河（Loire）和塞納河（Seine）。約旦古城佩特拉（Petra）和敘利亞古城帕米拉（Palmyra）則靠沙漠裡的綠洲滋養。

希臘人口過剩時，他們便沿著地中海（古希臘哲學家柏拉圖如此形容：「像青蛙圍繞池塘。」）及黑海建立殖民地。從薩拉米戰役❻（Salamis，紀元前四八〇年）到英國打敗西班牙無敵戰艦（西元一五八八年）約兩千年的時間裡，地中海南北沿岸乃白人勢力崛起的必爭之地。

但一四九二年後，西班牙航海家哥倫布（Columbus）和葡萄牙探險家達迦馬（Vasco da Gama）的航行，鼓舞人們朝海上發展；地中海的優勢不再，義大利熱那亞（Genoa）、比薩（Pisa）、佛羅倫斯（Florence）和威尼斯（Venice）相繼衰落；文

⑥薩拉米戰役：紀元前四八〇年，波斯國王薛西斯（Xerxes）組建世界上最龐大的軍隊，從亞洲進入歐洲對希臘進行遠征，希臘三十多個城邦組成了反波斯同盟，同盟軍統帥由斯巴達國王列奧尼達擔任。波斯艦隊的老式掛帆戰船，體積大速度慢，機動性也差，而希臘雅典的新式戰艦，是一位頗有遠見的政治家地米斯托克利（Themistocles）勸說雅典人建造，全是由橡樹做成的三層船，行動迅速，易於調遣，是雅典軍隊在海上的祕密武器。地米斯托克利建議所有的婦女與兒童，都坐船到本國的薩拉米島上去躲避，所有的男人則集中到薩拉米海灣準備戰鬥。當薛西斯率波斯大軍長驅直入雅典城，雅典城遭到前所未有的洗劫。後來雙方艦隊擠在狹窄的薩拉米海域，雅典的三層船展現優勢，把波斯艦隊徹底打敗。到戰鬥結束時，波斯艦隊有兩百艘戰艦被擊沉，而希臘只損失了四十艘。薩拉米海戰的勝利，是希臘與西方文明的重要轉捩點。雅典人重新找到自信，就此邁入歷史上的鼎盛時期——古典時期。古希臘最偉大的成就隨之誕生。

藝復興開始走下坡；大西洋岸國家興起，最終其殖民勢力擴張至半個地球。

一七三〇年，英國哲學家喬治・巴克萊（George Berkeley）如是寫道：「帝國向西前進。」帝國真的會繼續西行，越過太平洋，將歐洲及美洲的工商業技術輸入中國，一如之前輸入日本那樣嗎？東方旺盛的生產力，配上最新的西方科技，會不會導致西方的沒落？

制空權讓歷史發生革命

飛機的發展或將再度改變文明的地圖。貿易路線將不再沿著河流與海洋；人和貨物將直接空運到目的地。英法等擁有很長海岸線的國家，將不再享有其所帶來的商業優勢；那些以往因為國土廣闊，使內陸限制了海上發展的國家，如俄羅斯、中國和巴西，將能向天空發展而擺脫先前的障礙。沿海城市過往由船運轉陸運、或是陸運轉船運等生意，將日漸減少。當制空權在交通和戰爭上取代了制海權，歷史便又進行了一次基礎革命。

科技的發展減低了地理因素的限制。地形與地勢雖可能為農業、礦業或貿易帶來機會，但這些仍有賴於領導者的視野和魄力，以及追隨者的勤勞戮力，才能將機會化為事實。而唯有像這樣的同心協力的組合（如今天的以色列），才能戰勝千百個天然阻礙，進而形塑出一個文化。

是人類創造了文明，不是地球。

威爾・杜蘭嘉言錄

- 歷史受地球的地質所影響。
- 地理是歷史之母。人類總是傍水而居，水是運輸和貿易的廉價管道。
- 制空權在交通和戰爭上取代了制海權，歷史便又進行了一次基礎革命。

第三章

誰生育率高、誰就寫歷史

知識分子是個別教育、
機會和經驗的結果，
沒有證據顯示這會經由基因來遺傳。

歷史是生物學的一個片段：人類的生命，是有機體在海、陸上演化過程的一部分。夏日漫步林中，我們會聽到或見到數百種生物飛翔、跳躍、匍伏、爬行的聲響或景象。一見我們來到，被驚嚇的動物慌忙逃逸，鳥兒和水裡的魚也四散。一時間我們驚覺，在這個地球上，人類是多麼微小的少數，同時也意識到——如這些四散奔逃的住民所示——我們侵入了牠們的住所，攪擾了牠們。

所有人類的紀錄和成就，在繁多物種生命的歷史框架下，顯得多麼渺小；我們所有的經濟競爭、求偶、奮鬥、渴求、愛、悲和爭戰，與隱藏於這些枝葉下、水中、樹枝上的眾多追尋、偶配、奮鬥與苦難，如出一轍。

合作，是為了競爭

「生物法則」是基本的歷史啟示。我們得經過優勝劣敗、適者生存的歷程和試煉，才得以求生存。若是有人可以免於這些掙扎或試煉，那是因為他受到所屬團體的庇蔭，而這個團體本身也必須經過生存的試煉。

所以，**歷史給生物學的第一個啟示就是，生存即競爭**。競爭不僅是商業的基本，也是生命的常態——食物充足時大家和平相處，當食物不足時便有暴力發生。動物彼此互食而不感罪惡，文明人則靠法律訴訟互相吞噬。

合作當然存在，並促進了社會的發展，不過大部分的合作，仍為一種競爭的工具和形式；我們在團體中——家庭、社區、社團、教會、黨團、種族或國家——合作，以便增強我們團體的競爭力，進而可以和其他團體競爭。互相競爭的團體與互相競爭的個人有相同的特性：貪婪、好鬥、結黨、自以為是。

國家是許多個人加乘產生的，因之代表了我們個人，也彰顯了我們的天性，將人的善惡加倍放大。我們的血液還留著祖先幾千年的記憶：得追趕、打鬥、廝殺以求生存，又因為不知道下一餐的獵物在哪裡，所以，每次有得吃時都得儘量把肚子塞滿，人類的天性總是占有慾強、貪得無厭、好勇鬥狠。

戰爭是一個國家獵食的形式。在戰爭時也會提倡合作，因為它是競爭的終極表現。在各個國家組合成一個龐大，且更具保護力的團體之前，它的行為模式會繼續像漁獵階段的個人或家族一樣。

文明越進步，不平等就越嚴重

歷史的第二個生物學啟示是「物競天擇」。有機體在為食物、配偶或權力爭奪的過程中，有些會失敗，有的則成功。某些個體條件較佳，可以通過生存的試煉。因為自然界（包括了大自然及演化過程）並沒有仔細讀過美國的「獨立宣言」，也沒讀過法國大革命的「人權宣言」，所以我們生而不自由也不平等：我們的身體及心理受先天遺傳，受所屬團體習俗傳統的影響，每個人的體能、心智、及個性都不相同。每對同卵雙胞胎間有上百種差異，沒有任何豆子是一模一樣的。

不平等不僅是自然且先天的，隨著文明的進步，不平等的問題就越嚴重。先天的不平等會造成後天的不平等；任何一項新的發明或發現，都是出自傑出的個體所為，結果造成強者越來越強，弱者越來越弱。經濟的發展造成對特定功能的需要，並顯現出不同的職能，使不同的人對一個團體而言，會具有不同的價值，假若我們對每一個人的能力都瞭若指掌的話，那麼將這些百分之三十的有能力的人相加，約等於其他百分之七十的平庸者的總合。生存和歷史，其實就是這麼進行的，這樣輝煌的不公，讓人聯想起神學家喀爾文（Calvin）所描寫的上帝（全知、全能且公義）❼。

有了自由，人就更不可能平等

人類理想國裡，不斷追求自由和平等的行徑，讓自然界不停竊笑。因為自由和平等像有不共戴天之仇般，一個強大，另一個就不免衰亡。給予人類自由之後，他們先天的不平等會成等比級數遞增，十九世紀的英美兩國便是如此。要抑制不平等的發展，便得犧牲自由，一九一七年後的蘇聯便是如此。但不平等就算受到抑制，仍會自行發展，**只有經濟水平在平均值以下的人才會想要平等，那些能力優越的人想要的是自由，而這些人最終會得到他們想要的。**

人類理想的烏托邦概念注定要敗在生物學上，充其量，只是儘量做到像哲學家所希望的，在法律及教育機會上求公平。一個所有潛能都能自由發揮的社會，在和其他社會競爭時會較有勝算。時空距離的縮短，加劇了國家之間的衝突，上述的競爭將會更加激烈。

歷史的第三個生物學啟示是，生命必須繁衍。自然界需要能大量繁殖的有機體、變異體或團體。數量大才得以獲自然界青睞，才有辦法從中挑選品質的優劣。自然界喜歡「量」，尤其喜歡其中經過掙扎奮鬥而存活下來的。她一定會欣賞千百隻精子競相往上游以求與一個卵子結合的競賽。她對群體比對個體有興趣，文明與野蠻對她來說沒啥差別。自然界並不在乎高生育率通常發生在文明較低的國家，而低生育率則與

⑦神學家喀爾文（John Calvin, 1509-1564）是宗教改革運動後半期的領導人。他的著作《基督教教義》（*The Institutes of the Christian Religion*）是改革運動中最有影響力的一本書。主要的中心教義包括：全本聖經是神與人溝通的一條完整途徑，神是全能、全知與公義的，祂是宇宙的創造者，且直接介入人類的日常生活。人既是渺小的也是有罪的。一切發生在個人身上的是微不足道的，全出於神。人整個存在是在滿足神的願望。神創造宇宙，特別是人，必定有個目的。人生的目的在於榮耀神，任何作為若不是為了貫徹此目的是不道德、罪惡的，必須加以阻止。喀爾文認為，每個人的每個作為不僅為神所預知（pre-known），也為神所預定（pre-destined）。

文明國家為伍。她（這裡指的是生產、變異、競爭、選擇、和存活的過程）甚至會讓生育率低的國家，定期遭到繁殖力較強的團體所欺侮。

在凱撒（Caesar）時代，高盧人（Gaul）獲得羅馬兵團之助力，以對抗日耳曼人（Germans），十九世紀他們又得到英美兵團之助力抗日耳曼（指納粹德國）。當羅馬帝國陷落時，法蘭克人（Franks）由日耳曼湧入，把高盧變成法蘭西（France）；法國人口從十九世紀至今幾乎一直維持原樣，萬一英美兩國衰亡，法國很可能再度被蹂躪。

幫窮人，越幫生越多？

如果人類過多而糧食供應不足，自然界會有三種方式來達致平衡：饑荒、致命流行疫病及戰爭。一七九八年，湯瑪斯．馬爾薩斯（Thomas Malthus）在其著名的《人口論》（*An Essay on the Principle of Polulation*）中如此解釋：若沒有上述的方式，出生率會遠高出死亡率，人口倍增會讓糧食增產顯得緩不濟急。

雖然馬爾薩斯是個心地善良的英國牧師，但他指出，給窮人幫助或救災補給，會鼓勵他們早婚，並毫無計畫的生育，讓問題更加嚴重。他在《人口論》第二版（一八〇三年）中勸人，除非為了傳宗接代所需，否則應該禁慾，但他又不贊成任何的禁慾措施，因為馬爾薩斯不相信人們會接受他禁慾的建議，於是他便預言：人口與糧食的比例要在未來維持平衡，勢必要依賴饑荒、致命流行疫病及戰爭。

但是，十九世紀農業發達和避孕科技的進步，證明馬爾薩斯的觀點是錯的：在英、美、德、法等國，糧食供應和生育率並肩前進，而生活水平的提高，延遲了結婚的年齡，也降低了家庭的人口數。消費者倍增意味著生產者倍增：新的人手得以開發新的土地，種植或養殖更多的糧食。

加拿大和美國出口了上百萬蒲式耳（bushel，英制的容量及重量單位，主要用於量度乾貨，尤其是農產的重量，一蒲式耳約三十六．三六八公升）的麥子，但同時間國內並沒有發生饑荒或疫情，可視為對馬爾薩斯理論活生生的反證。如果現有的農業知識，可以應用到地球上的每一個角落，足足可以供應現有人口所需兩倍的糧食。

當然，如果馬爾薩斯還在世的話，可能會說，這個解決方式只能延緩大災難的來臨。畢竟土地的養分有限；同時，醫藥衛生的進步，加上慈善救濟破壞了物競天擇的作用，讓不適者繼續生存、繁衍出跟他們一樣不適任的後代。

我們如此希望：現在因出生率過高的落後國家，在工業發展、都市化、教育及生活水平提高後，出生率也會像歐洲和北美國家一樣降低。在糧食生產和人口生育達到平衡點之前，人類應該多推廣節育的知識及方法。**理想上，生育應該是健康者的特權，而不是性衝動的產物。**

有無證據顯示，節育是一種劣生學——實施節育國家的人口，智識水平會逐漸降低？可以想見，知識分子比一般貧民更傾向節育，而那些低智識的人不斷的盲目生育，正好抵消了教育工作者想提高知識水平的努力。

不過，我們所謂的知識分子，其實是個別教育、機會和經驗的結果；而且也沒有證據顯示，這些後天智識會經由基因來遺傳。即使是博士的小孩也得受教育，並像出麻疹那樣，經歷青少年期的謬見與錯誤；我們也不可能得知在那些苦哈哈、飽受磨難的窮人當中，會潛藏多少潛力和天才的染色體。

生育率決定國家的命運

從生物學上來看，體能似乎比智力還重要；德國哲學家尼采（Nietzsche）認為，德意志最優秀的血流在農民身上，哲學家不是最好傳宗接代的料子。

家庭生育政策在希臘羅馬歷史上，扮演了重要的角色。有意思的是，凱撒會獎賞子女成群的羅馬人（紀元前五十九年），並禁止沒有生育的女性出遊或佩帶珠寶。約四十年後，奧古斯都大帝（Augustus，指屋大維）也實行同樣的政策，但效果不彰，社會的上層階級繼續節育（他們不想讓子女影響了自己的享受）。而當來自日耳曼北部、希臘或東閃區❽（Semitic East）的移民人口，填補並改變了當時羅馬的人口結構時，上層階級的人仍繼續節育，使這個民族削弱了對無能政府，及外來侵略者的對抗

⑧東閃區：閃族現居住在中東、北非、東北非、馬爾他。

程度。

在美國，盎格魯—撒克遜人（Anglo-Saxons）的生育率一直很低，導致其經濟與政治勢力相對弱勢；而羅馬天主教徒（多數為拉美裔人）較高的生育率，意味著到西元二〇〇〇年左右（註：本書原文版初版年份為一九六八年），羅馬天主教會將成為美國聯邦、州、市政府的主力。類似的過程，讓法國、瑞士、德國的羅馬天主教勢力重新崛起；法國啟蒙運動的靈魂人物伏爾泰（Voltaire）、法國宗教改革家喀爾文和德國宗教改革家馬丁・路德（Martin Luther）的家鄉，可能不久後便會重回羅馬教宗的懷抱。

所以，跟戰爭一樣，生育率足以左右宗教的命運。紀元七三二年，穆斯林在圖爾（Tours）戰役❾中被打敗，法國和西班牙得以保有基督教《聖經》不被《可蘭經》取代。同理，天主教優越的組織、紀律、道德、忠誠、及繁殖力，讓基督宗教退回到宗教改革和法國啟蒙運動之前的景象。

沒有誰比歷史更會開玩笑了。

⑨圖爾（Tours）戰役：西元七世紀，阿拉伯人向北非、伊比利半島擴張勢力，打敗了西班牙的基督教西哥德王國，橫越庇里牛斯山，直抵波爾多。之後阿拉伯人又攜軍北上，攻陷法蘭西王國普瓦提埃城，並準備攻打圖爾城。儘管普瓦提埃城的失敗，打擊了法蘭西人的士氣，但是圖爾的這場戰役卻意外成功，鐵鎚查理（Charles Martel）所率領的法軍抵擋了阿拉伯人的入侵。這場勝利使法蘭西王國得以強大，並取得對西歐極大影響力。

威爾・杜蘭嘉言錄

- 動物彼此互食而不感罪惡，文明人則靠法律訴訟相互吞噬。
- 國家是許多人加乘產生的，也將人類的善惡加倍放大。
- 只有經濟水平在平均值以下的人才會想要平等，能力優越的人想要的是自由，而這些人最終會得到他們想要的。
- 德國哲學家尼采：德意志最優秀的血流在農民身上，哲學家不是最好的傳宗接代的料子。

第四章

是文明創造種族，而非種族創造文明

歷史教我們，
文明是合作的產物，
所有民族都有貢獻。

地球上約有二十億有色人種與九億的白人（註：此為作者一九七〇年的統計，二〇一六年地球人口已經突破七十億）。不過，當法國古比諾伯爵（Joseph Arthur Comte de Gobineau）發表《人種不平等論》（*Essay on the Inequality of the Human Races*）一書（1853-1855），宣稱人類是由先天體形、心智、和個性不同的民族組成，其中又以亞利安族（Aryan）⑩比其他各族來得優越時，讓很多的白人非常得意。

不管是在科學、藝術或文明上，人類所有偉大、高尚或輝煌的行為，都發源自同一細胞，……歸功於一個家族所有，這個家族的分支，統治了宇宙裡所有文明的國家。……歷史顯示所有文明均靠白人建立，沒有任何文明，可以不靠白人幫助而

⑩亞利安族：屬高加索人種（白色人種，在梵文中是高尚的意思），該人種身材較大，皮膚淺白，面長多毛，鼻骨高，瞳孔顏色淺，髮色多變。原居於今天俄羅斯南部烏拉爾山脈附近的古代部落，使用印歐語系的語言，被認為是印歐語系民族的共同祖先。

存在，一個社會只有在保存它高貴的原始血統的情況下，才能偉大光耀。

古比諾認為，環境的優勢不足以解釋文明的興起，因為灌溉了埃及和近東文明的同樣環境（河流沃土），並沒有在北美的印地安人間產生同樣的文明，雖然他們同樣居住在壯麗河流沿岸的肥沃土地上。

種族優越？只是自我感覺良好

古比諾伯爵還認為，「制度」也不足以解釋文明的興起，因為如「君主專制」的埃及和「民主制」的雅典，兩者極端相反的政體，都曾發展出文明。文明的興起、昌盛、衰退和沒落，來自一個民族的先天承襲，「只有多種不同血統混雜，才會造成種族的退化。」這種情形通常源於強健的種族，與被征服者通婚。所以，美國和加拿大的白人（沒有和印地安人通婚），優於拉丁美洲的白人（和印地安人通婚）。只有混血兒才會提倡種族平等，或認為「四海皆兄弟」。所有強壯的種族都很在乎種族意識，他們出於本能的避免和異族通婚。

一八九九年，一位移民德國的英國人張伯倫（Houston Stewart Chamberlain）出版了《十九世紀的基礎》（*The Foundations of the Nineteenth Century*），認為世界上只有亞利安族下的條頓族（Teutons）[11]才是有創造力的民族：「真正的歷史始於日耳曼族以鐵腕手段繼承古文化之時。」張伯倫甚至覺得，文藝復興時代的義大利詩人但丁（Dante）的臉有日耳曼特色；他深信「聖保祿宗徒致迦拉達人書」（*St. Paul's Epistle to the Galatians*）有濃濃的日耳曼腔；雖然他不能確認基督是否為日耳曼人，但他也深信「認為基督是猶太人的，不是無知就是說謊。」

德國作家當然也如此認為：德國史學家崔茲克（Treitschke）和伯恩哈迪（Bernhardi）認為，日耳曼族是最優秀的現代人種；德國作曲家華格納（Wagner）將此理論在他的音樂中發揚光大；德國納粹作家羅森堡（Alfred Rosenberg）寫出了激勵人心的《二十世紀的神話》（*myth of the twentieth century*）；而納粹獨裁者希特勒

---

⑪ 條頓族是古代日耳曼民族的一個分支。

（Hitler）更以此為理論基礎，鼓動德國人屠殺另一個民族，並企圖侵佔全歐洲。

一九一六年，美國作家葛蘭特（Madison Grant）在《偉大種族的消失》（*The Passing of the Great Race*）書中，聲稱亞利安族的文明，來自於北歐人（Nordics），其中包括——斯堪地那維亞人、黑海北岸的斯基泰人（Scythians）、巴爾幹半島的日耳曼人、英格蘭人及盎格魯—撒克遜的美國人。這些金髮、藍眼的「金毛獸」，經北方酷寒氣候鍛鍊出強健體魄，從俄羅斯大舉掃蕩南下，所向無敵，經巴爾幹半島，來到慵懶散漫的南方，開啟歷史。

征服者：有紀律的冒險家

照葛蘭特的說法，薩卡人（Sacae，或稱斯基泰人）占領印度，發展出梵文，成為「印—歐」語言，並建立種姓制度，以防自己的種族因為和黑膚土著通婚而退化。辛梅里安人（Cimmerians）大舉越過高加索山進入波斯，弗里吉亞人（Phrygians）進入小亞細亞，亞該亞人（Achaeans）和多利安人（Dorians）進入希臘和克里特

（Crete），溫布里亞人（Umbrians）和歐斯卡人（Oscans）進入義大利。

北歐人到哪裡都是冒險家、戰士，並且嚴守紀律；他們征服了南方苟且、懶散的地中海人，只和較安靜馴服的阿爾卑斯人（Alpine）通婚，他們的後代，建立了希臘雅典著名政治家伯里克利統治下的「黃金時代」（Periclean），和羅馬的「共和時代」。

多利安人最少和異族通婚，他們的後代就是斯巴達人，這些尚武的北歐階級統治「地中海」農奴。希臘阿提卡（Attica）的北歐後代，卻因為與異族通婚變得軟弱，導致後來雅典人在伯羅奔尼撒一役⓬（Peloponnesian War）敗給斯巴達人，使希臘接著由較純種的北歐人——馬其頓和羅馬共和國——所統治。

而北歐人另一支南下的種族——由斯堪地那維亞和北日耳曼起——由哥德人

⑫伯羅奔尼撒戰爭是以雅典為首的提洛同盟，與以斯巴達為首的伯羅奔尼撒聯盟之間的一場戰爭。這場戰爭從紀元前四三一年一直持續到前四〇四年，其中雙方幾度停戰，最後斯巴達獲勝。這場戰爭結束了雅典的黃金時代，結束了希臘的民主時代，強烈的改變了整個希臘世界。

（Goths）和汪達爾人（Vandals）征服羅馬帝國；盎格魯人和撒克遜人征服英格蘭，並更改了它的名稱；法蘭克人（Franks）征服高盧，改其名為法蘭西。更後來，北歐裔的諾曼人征服法蘭西、英格蘭和西西里。北歐裔的倫巴底人（Lombards）接踵進入義大利，和當地人通婚，為米蘭和佛羅倫斯注入新的活力，成就文藝復興。

北歐裔的瓦倫京人（Varangians）征服俄羅斯，一直統治到一九一七年。北歐裔的英格蘭人到美洲和澳洲殖民，征服了印度，並在亞洲的每一個重要港口建立起前哨站。

新蠻族：不比體力比智力

到我們的時代（葛蘭特嘆悼），北歐族雄風不再。一七八九年他們在法蘭西失勢，正如法國政治家德穆蘭（Camille Desmoulins）在法國咖啡館裡所言⓭，法國大革命是貧窮高盧人反抗條頓族法蘭克人——包括統治者法蘭克王克洛維（Clovis）和查理大帝（Charlemagne）——的革命。十字軍東征、三十年戰爭⓮、拿破崙連年征戰、以及第一次世界大戰中，許多北歐裔陣亡，無以對抗阿爾卑斯裔和地中海裔人口，在歐、美洲的快速增長。

葛蘭特預言，到西元二〇〇〇年，北歐裔將不再占有優勢地位，而西方文明會隨著他們的衰落消失，新的蠻族社會將從四處興起，取而代之。葛蘭特承認（在這點上他還算頗有見地），地中海「民族」雖然在體力上，比不過北歐裔和阿爾卑斯裔，但在智識和藝術成就上卻比較優秀；希臘羅馬的古典興盛得歸功於他們；但話說回來，這可能還是得歸功於他們和北歐裔的通婚。

南方創造文明，北方征服借用

但是，以上種族理論的缺陷是很明顯的。中國學者會說，是中國人創造了歷史

⑬ 一七八九年七月十三日，德穆蘭在伏瓦咖啡館（Café Foy）裡謀畫了攻擊巴士底監獄的行動。法國大革命期間，咖啡館是陰謀策畫與鼓動不滿的大本營。

⑭ 三十年戰爭（1618-1648）是由神聖羅馬帝國的內戰，演變成全歐參與的一次大規模國際戰爭，是歐洲各國爭奪利益、樹立霸權及宗教糾紛的產物。

上最持久的文明——從紀元前兩千年至今，中國誕生過無數的政治家、發明家、藝術家、詩人、科學家、哲學家和聖人。

墨西哥學者則會指出，馬雅（Maya）、阿茲特克（Aztec）和印加文化（Inca）雄偉的建築，這些在哥倫布「發現」新大陸之前早就存在了。印度學者雖然承認亞利安文化，在紀元前一千六百多年就輸入北印度，但他們會提醒我們：南印度的黑膚達羅毗荼人（Dravidic）中，出了許多偉大的建築家和詩人；印度的馬德拉斯（Madras，一九九六年改名為清奈〔Chennai〕）、馬杜拉（Madura）和特利吉諾波利（Trichinopoly）等地的宮殿，名列世上最宏偉的建築之列。更讓人嘆為觀止的，還有高棉吳哥窟的高聳神殿。

歷史不帶有色眼光，不管任何膚色都能發展出文明。即使不考慮有色人種，上述的種族理論仍有許多問題。

閃族人創造了巴比倫、亞述、敘利亞、巴勒斯坦、腓尼基、迦太基（Carthage）與伊斯蘭文明。基督宗教及其《聖經》，以及大半的《可蘭經》源自猶太人。當西歐還在黑暗時期（565-1095）摸索時，從伊拉克巴格達到西班牙哥多華（Cordova）的白人世界裡，出現了許多伊斯蘭教的統治者、藝術家、詩人、科學家和哲學家。

埃及、希臘和羅馬的古文化，顯然是地理優勢和政經發展之下的產物，而非源於種族，而這些文明多可溯及東方。希臘文學和藝術取自小亞細亞、克里特、腓尼基和埃及。紀元前兩千年希臘的文化由邁錫尼人（Mycenaean）催生，邁錫尼文化部分源自克里特，而克里特文化很可能發源自小亞細亞。這個前希臘文化在紀元前一千一百年左右，被經巴爾幹半島南下的「北歐」多利安人摧毀了大半。直到好幾個世紀之後，斯巴達的立法家萊克格斯（Lycurgus）、希臘哲學家泰勒斯（Thales）、赫拉克利特（Heracleitus）、女詩人莎芙（Sappho）、以及雅典的立法家梭倫（Solon），才又讓希臘文明重現⓯。

從紀元前六世紀開始，希臘文化循地中海沿岸，傳入都拉芹（Durazzo，在今

⑮萊克格斯是古希臘城邦斯巴達的憲法起草人，梭倫是雅典的憲法起草人。

日的阿爾巴尼亞）、義大利南部的塔蘭托（Taranto）、克羅托內（Crotona）、卡拉布里亞（Reggio Calabria）、敘拉古（Syracuse）、那不勒斯（Naples）、法國的尼斯（Nice）、摩納哥（Monaco）、馬賽（Marseille）、西班牙馬拉加（Málaga）等地。古羅馬文明源自南義大利的希臘城邦，以及很可能源自亞洲文化的伊楚立亞（Etruria）；西歐文化可上溯古羅馬；而南北美洲的文明又可上溯西歐。

第三世紀以來，不同的種族，如塞爾特（Celtic）、條頓、或亞洲的部族都曾攻克義大利，大肆掠奪、摧毀上述古典文化。**南方創造文明，北方征服、摧毀他們，也借取他們的文化，並加以傳播。這就是歷史的概要。**

文明無關人種，而是合作的產物

用腦容量、臉形、體重等來估量某個種族，並將文明歸因於此，對解決種族問題毫無幫助。如果非洲的黑人不曾創造出偉大的文明，那很可能是因氣候和地理因素使然；其他白人種族若處在同樣的環境，能創造出更好的文明嗎？美國黑人在這一百年來，雖然經歷了社會的壓抑，但仍能在許多行業、藝術、文學等領域出人頭地，殊為難得。

種族在歷史扮演的角色無足輕重。許多不同的種族，在不同的時間，從不同地方到達某地，在那裡，各族的血統、傳統及生活方式相互混雜，就像兩組不同的基因在有性生殖中混合一起，幾世紀下來之後可能產生新的類型，甚至新的民族；因此，塞爾特人、羅馬人、盎格魯人、薩克遜人、朱特人（Jutes）、丹麥人（Danes）和諾曼人（Normans）融合產生了英格蘭人（Englishmen）。

當新人種形成，產生自己獨特的文化時，新文明即成形：包括新的體格、性格、語言、文學、道德、藝術。

所以說，**文明並非由種族塑造，而是文明塑造了新種族**，即地理、經濟和政治情勢創造文化，而文化又塑造了民族類型。是英格蘭文明形塑英格蘭人，而非英格蘭人形塑英格蘭文明；如果英格蘭人到哪裡都帶著英格蘭文明，連在非洲荒僻小鎮吃晚餐都要盛裝出席，那並不意味著他在那裡從事新文明的創造，而是他自覺即使在那裡，英格蘭文明仍主宰了他的心靈。

不過，時日久遠之後，此種傳統差異都會在環境影響下泯沒。北方民族在熱帶地區住了數代之後，會出現南方民族的特性，而從悠閑南方北上的民族，其後代會漸漸發展出，如北方民族般較迅捷的思想與行動。

化解敵意，唯有廣博教育

由此觀之，美國文明仍在種族混雜的階段。紀元一七〇〇到一八四八年間，佛羅里達以北的白種人，主要是盎格魯—薩克遜人，在這片新英格蘭的土地上，他們的文學卻具有舊英格蘭的精神。一八四八年之後，美國對其他所有白種人大開國門；新的種族融合於焉開始，看來還要好幾世紀才會完成融合。到時，這個新融合將使美國有它自己的語言（和英語不同，就如西班牙語和義大利語不同一般，雖然他們彼此聽得懂對方的語言），自己土生的文學，自己的特色藝術；這些變化現在已經隱約可見。

「種族」之間的敵意，根源於種族差異，但主要起源仍得歸因於後天文化——語言、服飾、習俗、道德或宗教——的差異。想要消除「種族」間的敵意，除了廣博教育外，別無他法。

歷史教我們，文明是合作的產物，所有民族都有貢獻，文明是我們共同的遺產和債務，文明的人對待任何男人和女人——不管他們出身多低——都會當他們是這些具創造力並有貢獻民族的一員。

威爾・杜蘭嘉言錄

- 文明是地理優勢和政經發展下的產物，而非源於種族。
- 南方創造歷史，北方征服、摧毀，也借用並傳播，這就是歷史的概要。
- 換了白人處在非洲，能創造出更好的文明嗎？
- 不同的種族相互混雜，幾世紀下來可能會產生新人種，新文明即成形。

第五章

人性改變歷史，
歷史並未改變人性

抗拒改變的保守者
和提倡改變的激進者，
一樣重要。

社會的建立，植基於人的本性，而非理念，而人的性格會改寫國家的命運。那麼，到底什麼是「人性」？

我們將人性定義為「人類基本的傾向與情緒」，這些最基本的傾向可以稱為本能，不過，本能未必是天生的。

我們用下一頁的「性格元素表」（見下頁表一）來描述人性。根據這個分析表，一般人通常「先天」（在此指的是遺傳）具有六種積極和消極的本能，其功能為保衛個人、家庭、團體或種族。積極的人多半由積極的本能主導，不過大多數人都具有兩種本能（該積極或消極，會根據當時的情緒或情況而定），以迎戰或逃避生命中基本的挑戰或機會。每種本能會形成不同的習慣和情緒，這整個組合就是人性。

但是，人性在歷史的進程中到底產生多少改變？理論上來說，當然有所改變；「物競天擇」當然會造成某些心理及身體上的改變。然而，從已知的歷史中卻發現，人類行為本身並沒有多大的改變。柏拉圖時代的希臘人和現代法國人的行為差不多；而羅馬人和英國人也類似。人類的做事方法和工具或有差異，但其動機和目的則維持

表一：性格元素表

本能		習慣		情緒	
積極 （正面）	消極 （負面）	正面	負面	正面	負面
行動	睡眠	玩耍 工作 好奇 主動 思考 創新 藝術	休息 怠惰 漠然 遲疑 作夢 模仿 混亂	輕鬆 活力 熱忱 讚嘆 吸收 堅持 美感	疲憊 惰性 厭倦 多疑 放空 放棄 紊亂
迎戰	落跑	親近 競爭 鬥志 主宰	撤退 合作 畏怯 臣服	大膽 敵對 憤怒 氣勢高昂	焦慮 友善 恐懼 謙讓
爭取	逃避	好吃 儲蓄 富有	挑食 花費 貧窮	飢餓 貪婪 擁有	嘔吐 揮霍 無把握
合群	獨處	溝通 尋求肯定 慷慨	孤獨 恐懼反對 自私	好交友 虛榮 和善	喜私密 害羞 敵意
擇偶	拒婚	性行為 求偶	性反常 扭捏	性幻想 性愛	性異常 保守
扶養雙親	依賴父母	成家	忤逆	愛父母	憎惡父母

一致：如為了有所行動或休息、為了獲得或施予、為了爭戰或撤退、為了結盟或獨立、為了求偶、生兒育女或拒絕婚姻。

人性在不同階層之間也沒什麼差異：大致說來，窮人和富人具有同樣的本能，只是前者成功的機會比較小而已。

歷史提供了再清楚不過的證明：**叛變者在成功之後，卻仍採取他們先前所譴責勢力的行事風格。**

英雄，是歷史的執行者與代言人

有史以來，人類的進化都是社會性而非生物性的：進化並非源於人類遺傳上的改變，大多數是源於歷代之間的模仿、習俗的傳承或教育，而造成經濟、政治、智識和道德上的革新。一個團體的習俗和傳統，與其所屬緊緊相關，也和個體的本能有關；它們都是針對典型的，或一再重複的情況所作的適應而形成的。不過，一旦新的情況出現，就需要新穎的、非典型的對應方式，因此在較高等的生物中，想要進化，得具備實驗和創新的能力。所以，社會進化乃「習俗」和「種源」交互作用的結果。

在此，引領風騷的個人——偉人、英雄、天才——在歷史上扮演了推波助瀾的角色。這些人並非如文學家卡萊爾（Thomas Carlyle）⑯所形容的如同神祇；但是他們在所屬的那個年代與土地上成長，是重大歷史事件的產物和象徵，也是歷史的執行者和代言人；若無新的情況出現需要一種新的應對模式，則這些偉人、英雄、天才的新點子將不合時宜，也可能不切實際。

英雄的崛起，多半是時勢所趨，將他在平常無用武之地的能力加倍放大，讓他儼然具有強大的影響力。但是，他不只是事件的結果。歷史事件透過他並環繞著他發生；他的想法和決定就成為歷史的過程。

有時，英雄的雄辯滔滔——如英國首相邱吉爾（Churchill），能足以啟動上千兵團；英雄在戰術和策略上的先見之明——如法國的拿破崙（Napoleon），可能贏得戰爭、取得政權。若他是像穆罕默德（Mohammed）那樣的先知，善於激勵人群，他的話語可能鼓動一群貧窮弱勢的人，給他們前所未有的企圖心和驚人的能量。

像是法國微生物學家巴士德（Louis Pasteur）、美國發明家摩斯（Morse，摩斯密碼發明人）、愛迪生（Edison）、汽車大王福特（Ford）、發明飛機的萊特兄弟（Wright）、馬克思主義創始人馬克思（Marx）、蘇聯創建者列寧（Lenin）、中國政治家毛澤東這些人，是無窮原因之果，也是無數後果之因。

保守是對的，創新也是對的

在我們的性格元素裡，模仿和創新是相對的，但它們其實也是相輔相成的。社會的秩序和運作，有賴馴服的和爭雄的個人的組合，所以在對環境與生存所需要的應變上，模仿的多數會跟隨創新的少數，創新的少數又追隨原創者。總的來說，歷史是少數求新者的衝突；多數的馴服者只能替勝利者加油，並成為創新者的實驗品。

---

⑯ 卡萊爾（1795-1881）曾說過：「世界歷史，不過是少數若干個重要偉人的傳記而已。」意思是全世界全人類的生活、福祉、命運，掌握在少數幾個有權力的人手上，完全由他們來決定。

智識，是歷史上重要的一股力量，但它也可能是瓦解和摧毀的力量。百分之九十九以上的新點子，可能都比不上原本的傳統方式。一個人無論有多聰明或多有見地，都不可能得到足夠的智慧，對社會的習俗或建制做出正確的判斷或取捨。因為這些傳統習俗是好幾代人在歷史實驗室裡，經過好幾個世紀的智慧累積。

一個荷爾蒙充沛的年輕人會納悶，他為何不可以放縱性慾？假如他不理會社會的習俗、道德、或法律規範，很可能在還沒有成熟到足以了解「性是熾熱的洪流」，得要百種克制來阻擋降溫前，就已毀了自己的人生。

所以，**抗拒改變的保守者，和提倡改變的激進者一樣重要**——或許該說，就像「根」比「枝葉」更重要一般。就為了那少數有用的點子，新觀念一定要被聽到，但它們也該經過被拒絕、反對及輕忽的折磨，這是所有創新在被人類接受之前，得先經過的試煉。老人應該抗拒年輕人，而年輕人應該敦促老人。這種緊張關係——就像性別和階級鬥爭一樣——會產生新的張力，刺激新的發展，默默的促成群體根本的團結和改變。

威爾・杜蘭嘉言錄

- 歷史證明：叛變者在成功之後，卻仍採取他們先前所譴責的行事風格。
- 英雄的崛起，多半是時勢所趨，將他在平常無用武之地的能力加倍放大。
- 偉人、英雄、天才，這些人是無窮原因之果，也是無數後果之因。
- 抗拒改變的保守者，和提倡改變的激進者一樣重要，或許該說，就像「根」比「枝葉」更重要。

第六章

道德標準在變，歷史總記錄異常

人類的罪惡可能是人類興起的遺跡，
而非人類墮落的汙點。

道德是行為的規範（就像用法律強制人守法一般），能促使行為符合社會的秩序、穩定及成長。

同理，過去這十六個世紀以來，被基督教世界包圍的猶太聚落，靠本身嚴格而繁瑣的道德規範——幾乎不靠國家及其大法——而得以持續維持穩定與和平。

只懂歷史皮毛的人會強調，道德規範並非一成不變；他們因此論斷，道德規範不重要，因為它們會隨時空改變，有時還互相矛盾。但懂歷史的人會強調，道德規範就是「一體適用」，並依此斷定其重要性。

好鬥反而是好事的時代

道德規範的確會隨歷史和環境的差異而改變。如果我們將經濟史分為三階段——漁獵、農業、工業——我們會發現每一階段的道德規範的確有所改變。

在漁獵階段，人類得會追逐、打鬥和殺戮。捕獲獵物後，人類將肚子填滿，但因為不確定下一餐在哪，所以這種不穩定將導致貪得無厭，那個年代能否存活，乃取決於是否能夠殺戮，所以，人類的記憶留下了殘酷（即使只存在於血液中）的因子。

可以想見，男人（經常在狩獵中冒生命危險）的死亡率會高於女人；男人得和好幾個女人交配，以讓女人經常受孕。好鬥、殘酷、貪得無厭、以及頻繁的性行為，在殺戮以求生存的時期，這是道德的。這些現在看來是重大惡行的缺點，在以往都曾經是道德的——意在幫助個人、家庭和群體得以存活。**人類的罪惡可能是人類興起的遺跡，而非人類墮落的汙點。**

早婚反而是好事的時代

歷史並未告訴我們，人類何時由漁獵過渡到農業——也許在新石器時代，人類發現可以藉由播撒穀物，增加野生收穫。我們可以合理假設，新的政經制度需要新的道德標準，同時將某些舊道德變成罪惡。於是，勤奮變得比勇敢重要，規律和節儉比暴力更有利，而和平比爭戰更能成功。

在農業時代，小孩被視為經濟資產；節育因此被視為不道德。農業家庭是在父權和氣候控制下的生產單位，父權有其穩固的經濟基礎。每一個小孩都很快的發展成熟，且能自給自足；在十五歲時就像四十歲一般，能了解生命中勞動的任務。他所需的只是土地、犁、和強壯的臂膀。所以他早早結婚，幾乎一成年就成家；在恆久定居和家庭秩序之下，他不必為婚前男女關係的種種限制苦惱太久。

而對年輕女子來說，貞潔是必要的，因為失貞可能意謂要當單親媽媽。一夫一妻制乃因兩性人數約略相等。一千五百多年來，這種農業社會的道德規範——禁慾、早婚、不能仳離的一夫一妻制、兒女成群——風行於基督宗教的歐洲及其白人殖民地。這是很嚴格的規範，也造就了最強固的道德基礎。

什麼時代，避孕成了好事？

接下來，工業革命（開始是慢慢的，然後是快速廣泛）改變了這種經濟形式及其道德結構。男人、女人、小孩離開家園和親人，脫離權威和所屬團體，到工廠裡做工，每個人都是一個獨立個體，各領各的薪水，工廠是蓋來放機器的，不是用來建立家園。機器每隔十年倍增，越變越複雜；經濟能力（即扶養家庭的能力）來得較晚；小孩不再是經濟資產；適婚年齡延後，婚前禁慾也變得越來越難。都市化沒有為婚姻提供任何的便利，卻為「性」提供了各種刺激和便利。女性被「解放」了——即工業化了，避孕措施讓她們得以享受性生活而不會懷孕。

工業社會中個人主義崛起，父母親的權力失去其經濟基礎。叛逆的青少年不再受村里人互相監督的限制，他們在都市芸芸眾生中沒有名姓，反而像是上了一層保護色，可以輕鬆掩蓋自己的荒唐事。科學的進步，讓試管的權力超越宗教的權杖；經濟生產的機械化引發唯物哲學；教育助長了對宗教的懷疑；道德的支柱越來越薄弱。農業社會的道德規範開始崩潰。

在我們這個時代——如同在蘇格拉底（卒於紀元前三九九年）和屋大維（卒於紀元十四年）的時代——戰爭助長了強權，並導致道德的鬆弛。經歷過伯羅奔尼撒戰爭的暴力和社會動盪，雅典將軍阿爾奇比亞德斯（Alcibiades）⓱覺得可以不受限制，藐視祖先的道德規範，而古希臘詭辯派哲學家色司拉西麻查斯（Thrasymachus）

⓲則宣稱強權就是唯一的公理。在馬略對蘇拉（Marius and Sulla）⓳、凱撒對龐培（Caesar and Pompey）⓴、安東尼對屋大維（Antony and Octavius）㉑等戰役後，

---

⑰阿爾奇比亞德斯於西元前四一七年被任命為雅典將軍，是獨武分子，也是個機智幽默的大帥哥，雅典人很愛他，但他行徑叛道，在大街上打了雅典最有錢有勢的老人家的耳光，沒想到在他到對方家請罪之後，老人家居然將女兒許配給他，他因此靠著岳父大人的財勢，過著奢華的生活。

⑱古希臘詭辯派哲學家司拉西麻查斯曾說：「法律只是強者為保護自己的利益而制定的東西，無論在什麼地方，正義都是強者的利益。」

⑲紀元前八八年，為了爭奪對本都王國（Pontus，龐度斯）的出征權，以馬略為首的平民派，與以蘇拉為首的貴族派首先展開激戰。蘇拉戰勝，成為羅馬歷史上第一位大權獨攬的終身獨裁者。

⑳凱撒十七、八歲就和第一任妻子生下了他唯一的孩子茱利亞．凱撒麗絲（Julia Caesarlis），後來他把茱利亞嫁給了龐培為第四任妻子，以堅固他們政治上的結盟。龐培夫妻感情甚篤，茱利亞懷孕時，因看見家僕帶回家來一件龐培在鎮壓暴動中沾了血的官服，誤以為丈夫死了，憂傷中胎兒早產，身體受損，於次年八月過世。

這時凱撒和龐培尚未交惡，後來凱撒為了確保他和龐培的結盟，又命令自己已婚的姪女離婚、再嫁給龐培，但被拒絕。凱撒後來於高盧取得重大勝利，卻讓元老院甚感壓力，於是召回凱撒，凱撒拒絕，元老院以叛國罪要脅，命其就範。於是凱撒決心走上獨裁之路，打破禁忌，率軍進入羅馬。以龐培為首的元老院，逃出羅馬，號召軍隊與凱撒對抗，羅馬內戰於焉展開。龐培戰敗，逃至埃及。埃及人為了討好凱撒而將龐培刺死，並將其頭顱獻給凱撒。

「羅馬充斥許多失去經濟基礎，與道德規範的人，例如嘗過冒險滋味、學會殺戮的士兵，公民親眼看著積蓄，消失於因戰爭引發的重稅和通膨，女人茫然追求自由，離婚、墮胎、和通姦問題層出不窮……到處充斥一種膚淺的詭辯，瞧不起悲觀主義和犬儒學派（Cynicism）㉒。」這個景象和兩次世界大戰後的歐美都市幾乎沒啥兩樣。

歷史在此提供了一點安慰，提醒我們罪惡無時不在，每個時代都有。

色與賭，還有騙子，一直是壞事

古希臘或羅馬或文藝復興時期，義大利同性戀之盛行，即使我們這個時代也無法與之匹敵。「人文學者以一種學術熱情討論它。」義大利劇作家阿里奧斯托（Ludovico Ariosto）判斷，「他們全都上癮了。」作家阿雷蒂諾（Aretino）㉓甚至還要求曼圖亞（Mantua）公爵送他一個好看的男童。

賣淫，是古老且普遍存在的行業，從亞述時代的公家妓院，到今日都市裡的「夜店」都一直存在。根據德國宗教改革家馬丁路德的說法，紀元一五四四年在威登堡

（Wittenberg）大學裡，「女孩間的行徑越來越大膽，她們主動追求男性，跟到男生的宿舍、房間或任何到得了的地方，獻上她們的愛情。」

文藝復興時期的法國作家蒙田告訴我們，在他的時代（一五三三年至九二年）淫穢文學頗有市場；我們這個時代的道德敗壞，和英國光榮時代的差別不在程度大小，而是種類差異；英國作家克雷藍（John Cleland）所著的《芬妮希爾：一個歡場女子的回憶錄》（*Memoirs of a Woman of Pleasure*，是一系列的真實性交紀錄），在一九六五

㉑紀元前十四年，凱撒在議會被謀殺，羅馬再度進入內亂。凱撒繼承者安東尼（Mark Antony）與凱撒的姪子屋大維展開一連串的戰爭。公元前三十一年，雙方在希臘的外海打了決定性的一戰，安東尼敗亡，屋大維不但成為獨裁者，還成為羅馬帝國的第一任皇帝。

㉒犬儒學派是古希臘一個哲學學派，由蘇格拉底的學生安提西尼創立，這個學派的信奉者被稱為犬儒。該學派否定社會與文明，提倡回歸自然，清心寡慾，鄙棄俗世的榮華富貴，要求人克己無求，獨善其身，近於中國的道家。

㉓阿雷蒂諾是文藝復興時代的畫家提香（Titian）最好的朋友。是當時最下流、最無恥的人，但也是當時最傑出的作家之一。

年出版時，和一七四九年一樣受歡迎。我們提過在尼尼微城（Nineveh）㉔舊址附近挖掘出骰子，可見每個時代的男男女女都好賭。每個時代都有騙子和腐敗的政府，但一般說來，也許現在比以前少。

在十六世紀歐洲的文學小冊子中記載：「對食品大量摻假的情形怨聲載道。」從這裡我們可以看出人類從未完全遵守《十誡》。法國啟蒙思想家伏爾泰視歷史為人類犯罪、愚行、和不幸的總合，《羅馬帝國衰亡史》（*The History of the Decline and Fall of the Roman Empire*）作者愛德華．吉朋（Edward Gibbon）也有類似的看法。

被記錄的歷史總有違生活經驗

我們必須提醒自己，被記錄下來的歷史事件，和我們實際上的生活是很不一樣的：歷史學家通常會記錄比較特殊的人事物，因為它們能引人興趣，而其引人興趣的原因就在它的特異之處。如果把過去所有人，都得按比例在史書裡插上一腳的話，我們會有較無聊但也較公允的人類史。隱藏在那些戰爭與政治、不幸與貧困、通姦與離異、謀殺與自裁的熾烈表象背後，其實還有百萬計的正常家庭，琴瑟和鳴、為子女憂愁或開心的美滿婚姻。

即使在這麼多的歷史記載中，我們還是可以讀到許許多多善良，甚至高貴的例子，足以讓我們原諒——但不能遺忘——那些惡行。慈善布施的善行與戰場及監獄的殘酷故事，數量不相上下。即使在我們浮光掠影的敘事裡，有多少次讀到人與人之間互相幫忙？——義大利歌手法理內利（Farinelli）幫忙扶養作曲家史卡拉第（Domenico Scarlatti）的小孩㉕；無數人幫助年輕時的海頓（Haydn，奧地利作曲家），利塔伯爵（Conte Litta）資助音樂家巴哈到波隆納（Bologna）求學；英國物

㉔ 公元前八世紀後期，亞述王辛那赫里布（Sennacherib），將都城由杜爾·沙魯金（Dur Sharrukin）遷移到底格里斯河左岸的尼尼微城。在猶太人的經典中，尼尼微被稱為「血腥的獅穴」。

㉕ 作曲家史卡拉第與義大利歌手法理內利（1705-1782）關係良好，使得法理內利在西班牙馬德里時，受到皇室相當優渥的禮遇。法理內利與史卡拉第魚雁往返的信件，間接影響史卡拉第的創作風格，直接記錄在鍵盤奏鳴曲中。

理學家約瑟・布拉克（Joseph Black）一再預支薪水，給蒸汽機發明家詹姆斯・瓦特（James Watt）；普赫伯格（Michael Puchberg）也不斷資助他的音樂家朋友莫札特（Mozart）。

誰說不能寫下一部人類善良史呢？

道德的解放，不全是壞事

所以，**現今的道德淪喪究竟意味著敗壞的開始，還是痛苦或愉悅的轉型現象**——目前的道德規範已失去農業社會的基礎，但工業文明還未建立符合新社會秩序的規範——我們不能確定。與此同時，歷史也顯示，文明的消頹極其緩慢。希臘道德的衰退始於詭辯學派（Sophists）㉖興起，但在他們出現後的兩百五十年裡，希臘文明仍持續產出文學及藝術的偉大作品。潰敗的希臘人逃入義大利（紀元前一四六年）後不久，羅馬道德開始「頹廢」，但羅馬一直到哲學家皇帝馬可・奧理略（Marcus Aurelius）崩殂前（紀元一八〇年）㉗還是持續產生偉大的政治家、哲學家、詩人和藝術家。凱撒當政時（紀元前六〇年），羅馬的政局已經到了谷底，但它要等到紀元四六五年才被蠻族攻佔。

願我們也能像羅馬帝國一樣，花那麼久的時間沉淪之後才垮臺！

也許，我們的文明能因戰爭所需的軍事訓練而重拾紀律。個人的自由會因為群體安全的考量而發生改變；美國和英國的個人主義，將會如失去地理環境保護一樣日漸消退；縱慾過度會自我矯正；我們散漫的子孫，也許有一天會將端莊視為時髦；衣物蔽體會比裸體更撩人。

話雖如此，道德上的解放還是有很多好處：不必擔心怪力亂神的恫嚇；可以開些

㉖詭辯學派是希臘初期出現的。原字為「智者」之意，他們對哲學持懷疑態度，認為世界上沒有絕對不變的真理。其實詭辯學派並沒有統一的思維，也沒有精密的組織，更沒有共主。這學派只是當時希臘時代反射出來的產物，也只是一群人的鬆散組合。

㉗馬可．奧理略（121-180）是斯多葛學派著名哲學家、古羅馬帝國皇帝，是西方歷史上最著名的、也許是唯一的哲學家皇帝。

對別人和自己都無害的玩笑；到郊外透風，感受清新空氣輕撫過我們解放的身體。這些都是樂事，不是嗎？

威爾・杜蘭嘉言錄

- 好鬥、貪得無厭，以及頻繁的性行為，在以往都曾經是道德的——意在幫助個人、家庭和群體得以存活。
- 工業社會中，叛逆的青少年不再受村里人士的監督限制，他們在都市芸芸眾生中沒有名姓，反而像上了一層保護色。
- 我們必須提醒自己，被記錄下來的歷史事件，和我們實際生活是很不一樣的：歷史學家記錄的是比較特殊的人與事。

第七章

宗教
是史冊裡的不死力量

只要貧窮存在一天，
上帝就存在一天。

即使不信奉上帝，歷史學家也對宗教充滿敬重，因為宗教在每個時代、每個國家都發揮重要的功能，不可或缺。

對於煩惱者、受苦者、痛失親人、老弱者，宗教能帶給他們超自然的安慰，數百萬計的人，把宗教看得比其他任何支援更貴重。父母師長借助宗教管教小孩；宗教賦予最低層生活的人意義和尊嚴，宗教儀式將人間的習俗，轉化為與神的莊嚴約定，從而帶來穩定的力量。拿破崙說：「宗教可以阻止窮人謀殺富人」。天生的不平等，讓許多人一生窮困潦倒，某種超自然的希望，是唯一可以幫助他們不陷入絕望的方式。如果連那個希望也沒了，階級戰爭必會更劇烈。天堂和烏托邦像是井裡的兩個吊桶，一個上，另一個就下；**宗教式微，共產主義便興起**。

宗教起初看來似乎和道德規範沒啥關係。顯然——因為我們只是臆測而已，或重複羅馬著名的諷刺作家佩托尼奧（Petronius）的說法，而佩托尼奧則是重複羅馬詩人盧克萊修（Lucretius）的說法——「神最初是由恐懼產生的」——對土地、河流、海洋、樹木、風和天空中，隱藏看不見的力量而恐懼。宗教乃是人藉由供品、犧牲、咒語、祝禱等方式來崇拜這些力量，以求免受其害。直到神職人員利用這種恐懼和儀式，來支持某些道德規範和律法時，宗教才變成維持或對抗國家的重要力量。

君權神授，但教宗比國王還大

宗教告訴人們，道德規範和律法是由神制定的。比如在埃及，托特神（Thoth）將律法授予法老王米尼斯（Menes）；在巴比倫帝國，漢摩拉比法典（*Code of Hammurabi*）是由太陽神沙瑪什（Shamash）授予的；在猶太教裡，是耶和華將《十誡》和六百一十三條戒律傳給摩西；在羅馬，則是聖女愛吉莉雅（Egeria）將律法帶給努馬．龐畢琉斯王（Numa Pompilius）㉘。基督宗教和異教徒都宣稱君權神授。幾乎每一個國家都與神職人員，分享它的土地和稅收，以作為回報。

一些持反對立場的人會懷疑，宗教真的能提升道德？因為即使在宗教統治的時代裡，還是有許多層出不窮的失德行為。

的確，中古世紀時，人慾橫流、酗酒、粗鄙、貪婪、欺騙、偷盜、暴力橫行；不過，若沒了基督教倫理、神職人員的告誡、聖哲楷模、以及撫慰人心的宗教儀式的介入，五百年的蠻族入侵、戰爭、經濟蕭條，和政治混亂所導致的道德失序，很可能會更加嚴重。羅馬天主教廷戮力於減少蓄奴、家族宿仇與民族紛爭，增長停戰以及和平的時間，並以有制度的法庭審判取代搏鬥或酷刑，減少了羅馬或蠻族法律的嚴格懲罰，也大大推廣了慈善事業的範圍和組織。

雖然羅馬教廷為國家服務，但它也聲稱其位階高於國家，如同道德應高於權力。它教導人們，如果沒有神的認可，愛國心可能會變成貪婪和犯罪的工具。它在所有施行基督教的國家中頒布了道德法，聲稱握有神權和精神霸權，羅馬天主教廷甚至將自身提升為國際法庭，督導各國統治者的道德。

神聖羅馬帝國的亨利四世皇帝，到義大利北方卡諾沙（Canossa）城堡認可了教

㉘在羅馬神話中，聖女愛吉莉雅是掌管生育與泉源的小仙女，她是努馬王（Numa Pompilius）的智囊，也是藝術界的靈感泉源、政客的精明顧問。

宗額我略七世（Gregory VII）的此一要求，承認了羅馬教會的神聖地位（紀元一〇七七年）；一個世紀之後，教宗英諾森三世（Innocent III）將教廷的權威和聲望大大提高，實現了額我略七世將教廷權力凌駕在國家之上的理想。

人信神，卻把神汙名化

但這個高貴的夢想，受到民族主義、懷疑論和人性脆弱的衝擊下，最終還是破滅了。因為教廷也是由凡人組成，而人通常會有偏見，會腐敗、搶取豪奪。

法國富強起來後，便利用教宗的權力當成其政治工具。國王的權力大到可以迫使教宗解散耶穌會。教廷甚至不惜編造各種假象（如一些虔誠傳奇、假聖人遺物、假神蹟）來欺騙世人；幾百年來，教廷靠著偽造的「君士坦丁贈禮」（Donation of Constantine）——聲稱君士坦丁將西歐統治權，餽贈予教宗西爾維斯特一世（Sylvester I，紀元三一四至三三五年任教宗）——統治羅馬及神聖羅馬帝國西部，又利用「假教令」（紀元八四二年左右）偽造一系列文件，替教宗的無上權力披上亙古而神聖的外衣。

教廷高層把越來越多的精力，花在宣導教條而非提升道德上，而宗教法庭（Inquisition）㉙讓教廷蒙上幾乎致命的汙名。教廷雖然宣揚和平，但卻煽動了法國十六世紀的宗教戰爭，和神聖羅馬帝國十七世紀的三十年戰爭。教廷在廢奴（這是道德上的一大進步）上，只盡了棉薄之力，但它容許哲學家倡導人文主義運動，減輕了我們這個時代的罪惡。

歷史證明，人類需要充滿神蹟、奧義和神話的宗教。雖然教廷在儀式、服裝、和主教權威上稍作修訂，但它不敢更改一些（被理性主義所譏笑的）教條，因為那樣的修改，會讓那些冀望以教義激勵人心、撫慰心靈的人，因此而感到憤慨、失望。除非哲學家承認，他們的確找不到別的方法，來代替宗教的道德功能，而教廷則認可人皆擁有宗教及思想上的自由，否則，兩者之間根本無任何妥協的空間。

㉙宗教法庭是天主教教廷的司法機關，用以鎮壓異端以及煉丹術、巫術。在中世紀和近代初期權力很大。

歷史是否支持上帝的存在？如果我們把上帝定義為無上智慧和博愛，而非創造自然的基本物，那答案當然是否定的。

如同生物學一樣，歷史其實也是物競天擇，在「善無偏愛、不幸繁多」的掙扎中，最終能存活下來的是最能適應者。除了人為的犯罪、戰爭和殘酷暴行外，還有地震、暴風雨、颶風、鼠疫、海嘯及其他「神意」的天災，這些天災人禍定期摧毀人類和動物的生活。總合來看，這些現象證明了上帝如果不是盲目的，就是無私的命運之神，其中偶發的景象，使我們將其推崇為秩序、壯麗、美或宏偉。

如果歷史支持有神論的話，得出來的必然是像祆教，或摩尼教那樣二元對立的宗教：善、惡兩個神為控制宇宙和人類靈魂而對抗。這些信仰和基督宗教（實質上也像摩尼教一樣是二元對立）向它們的信徒擔保，善神最終將勝出；不過，歷史並無法保證這樣的結果，因為歷史和自然界的善惡觀念是：勝利而存活下來的，就是善者，因失敗而滅亡的，就是惡者，這跟我們人類的善惡觀並不相同；宇宙並沒有特別青睞基督，也沒有對成吉思汗產生特別的偏見。

科學，是解放人類的新宗教

隨著人類越來越意識到自己在宇宙中的渺小地位，宗教信仰也越來越受到質疑。基督宗教的衰退，從天文學家哥白尼（Copernicus）開始（紀元一五四三年），過程很慢，不過到了一六一一年，英國詩人但恩（John Donne）悲嘆，（地球本是宇宙的中心）現已位在世界的「邊緣」，「新哲學高唱質疑一切」。而著名哲學家培根（Francis Bacon）㉚儘管時而對主教脫帽敬禮，卻宣稱科學是解放人類的新宗教。從他那一代開始，「上帝死亡」正式開啟。

要產生如此巨大的影響力，除了科學和歷史知識的普及之外，還需要更多因素。首先，是新教的改革，此一改革為的是捍衛個人獨立判斷的自由。接著，新教派為數眾多、彼此學說互相衝突，每派都想訴諸《聖經》和理性。之後卻對《聖經》產生更

㉚著名哲學家法蘭西斯・培根（1561-1626）曾說：「知識就是力量。」

大的批判，認為《聖經》乃是有缺陷的凡人寫成的不完美作品。

之後，英國提倡自然（deism）神論，將上帝視為造物主，創世之後就不再和世界、和宇宙有任何關連。接著，對其他宗教的日漸理解讓人們意識到，其他宗教的神話（其中很多比基督宗教更早就存在了）和基督宗教的故事居然如此的相似，而基督宗教卻聲稱自己的故事乃根據事實。然後，新教揭穿天主教的假神蹟，自然神學派（Natural theology，以理性、科學對上帝、宗教做論證研究）揭穿《聖經》上的假奇蹟，還有很多宗教史上的詐術、宗教審判、和大屠殺被一一揭發出來。

其後，工業時代取代了農業時代。工業時代轟隆隆的機器聲，攪亂了農業時代原本以歲時循環，和生命成長讓人產生的信仰。再加上懷疑論學者貝樂（Pierre Bayle）和泛神論學者史賓諾沙（Spinoza）的盛行、法國啟蒙運動對基督教義的大肆撻伐、以及法國大革命時，反對天主教會的巴黎暴動。在我們的時代，則還有戰爭對平民的無辜殺戮。

最後，科學技術的驚人進步，給了人類全能的指望，但也預期了人類的毀滅，目前，人正在挑戰神的主導地位。

戲院都是人，教堂卻空一半

就某一方面來說，基督宗教是被自己打垮的，因為很多有道德感的基督徒，無法接受傳統教義裡，那個會報復人類的上帝。有智識的人不再接受地獄的觀念，連牧師講道也不再提及。西敏斯特信仰宣言（*Westminster Confession of Faith*）㉛要人們相信，創造無數男女的上帝，不管他們是善是惡，終究要將人類打入地獄、永劫不復。長老教會因此以該宣言為恥。有識者造訪羅馬西斯汀教堂（Sistine Chapel），看到米開朗基羅（Michelangelo）的畫都會感到相當震驚。畫裡的基督將罪人胡亂的丟進大

㉛ 西敏斯特信仰宣言亦譯作韋斯敏斯德信條，或威斯敏斯特信條，十七世紀的英國教會領袖在編訂它的時候，已決意把它奠立為基督新教的信仰標準。這宣言不是唯一的，也不是絕對的標準，不過，它是改革宗教會普遍接納的標準，內容比其他宣言詳細，範圍亦涵蓋了主要的信仰生活，描述宗教改革運動的信仰核心。

火永不熄滅的煉獄裡，這就是那個「仁慈、謙虛又溫和、激勵無數年輕人的上帝」嗎？正如希臘人在倫理道德上的發展，讓他們不再虔誠信仰那些好鬥、淫亂的奧林帕斯（Olympus）諸神㉜（柏拉圖這麼寫道：「有這麼一部分的人，根本不相信諸神的存在。」）；同樣的，基督宗教倫理道德的發展，也慢慢的侵蝕了基督宗教的神學，可以說，是耶穌（Christ）消滅了耶和華（Jehovah）。

工業革命最極端也最重要的結果，就是以世俗的制度取代基督宗教。政府不需要宗教的支持也行？這是現在困惑我們、攪亂我們生活的重要實驗之一。以前是君權神授的國王頒布天命，現在則是有缺陷的凡人，制定一些不通的條文。教育曾是虔誠神職人員的神聖領域，現在變成是凡夫俗女，靠理性和勸說來教化那些只怕警察的叛逆青少年，而那些青少年可能永遠也學不會理性思考。

大學一度和教會結盟，現在則由商人和科學家把持。以前的人被灌輸超自然的教條和道德規範，現在的人則接受愛國心、資本主義或共產主義的宣傳。宗教節慶（Holy days）被假日（holidays）取代。星期天戲院裡滿滿都是人，教堂卻空了一半。

宗教像九命貓，常常會復活

在盎格魯—薩克遜人家庭中，宗教是一種社會儀式和保護色；在美國天主教家庭中也是一樣；在法國和義大利的中產階級與更高階家庭中，宗教是「女性的第二性徵。」無數的徵兆顯示，基督宗教正走上古希臘宗教衰頹的路。古希臘宗教是在詭辯學者和啟蒙運動興起之後，便漸漸衰退。

基督宗教中的天主教之所以能存在，因為它提供了想像、希望，也能說服某些人；其神話能安慰窮人、點亮他們的生命；天主教徒因為不提倡節育，所以人數正漸漸趕上新教徒的數目。天主教雖然失去了那些知識社群的支持（因為越來越多受過教育的人不信天主教了），但是，它能號召那些覺得理性不能解惑、或希冀教會能消弭

㉜在希臘神話中，諸神都住在奧林帕斯山裡。

內部亂象、外抗共產主義的人。

假設若來場大戰摧毀了西方文明，讓城市崩毀、民生潦困、科學蒙羞，則教會可能會像紀元四七六年那樣，成為浩劫倖存者唯一的希望和指標。

歷史的啟示之一是，宗教像九命貓，常常會復活。過去就有許多上帝和宗教死而復活的例子。

古埃及第十八王朝法老王阿肯那頓（Ikhonaton）運用王權，摧毀太陽神教（Amon），但阿肯那頓去世不到一年，太陽神教就復活了。釋迦摩尼年輕時，印度盛行無神論，於是他創立了一個無神的宗教，但釋迦摩尼去世後，佛教發展出包含神祇、聖人和地獄的複雜神學。哲學、科學和教育合力趕走了希臘眾神廟裡的諸神，填補其空缺的，是來自東方輪迴轉世的信仰。

一七九三年，法國革命激進主義者埃貝爾（Hébert），和修珥德（Chaumette），在巴黎建立無神論者崇拜會，只信理性女神（在誤解伏爾泰學說的情形下），一年之後，羅伯斯比爾（Robespierre）在擔憂國家即將混亂、並受到法國思想家盧梭

（Rousseau）的啟發下，創立唯一真神崇拜會（Supreme Being）。

一八〇一年，熟諳歷史的拿破崙和教宗庇護七世（Pius VII）簽定合約，恢復天主教會在法國的地位。十八世紀輕視宗教的英國，在維多利亞王朝與基督教的協議下，政府同意支持英國國教會，條件是教會須服從政府，而教區牧師需服務地主鄉紳。在美國，十九世紀的建國元勳也採取理性主義，使宗教有復起的機會。

清教主義和異教主義（非基督宗教），各自代表了抑慾和縱慾，在歷史上此長彼消。通常在法律不彰、社會秩序得靠道德維持時，清教主義就會盛行；當法律和政府的權力增強，教會、家庭和道德衰頹，不會危及政府的安定時，此時懷疑論和異教主義（假設其他因素維持不變）就會抬頭。

道德需要有宗教做後盾？

在我們這個時代，政府的力量已經和上述幾股力量合起來，降低了信仰和道德的重要性，也給了異教主義重新自由發展的機會。但我們的縱慾，很可能會帶來另一種反動，道德混亂可能會促使宗教復興；無神論者可能會再度（如同在一八七〇年普法戰爭後，無神論氾濫的法國）將小孩送到天主教學校，讓他們接受宗教信仰的戒律。法國思想家和無神論學者勒南（Ernest Renan）在一八六六年如是說：

在我們可以選擇是否當上帝子民的同時，也得小心謹慎，如果基督宗教式微，道德可能再度敗壞，我們的社會也將走入混亂。沒有基督教時，我們該怎麼辦？……如果有人想以理性主義支配世界，而罔顧人類心靈在宗教上的需求，法國大革命的經驗，已經告訴我們這種錯誤的後果。

歷史可否證明勒南的結論：「道德需要有宗教做後盾。」——道德的力量太薄弱，不足以駕馭潛藏在文明之下，人們的野心、想犯罪和發動戰爭的野性？法國反革命思想家麥斯特（Joseph de Maistre）是這麼回應的：「我不知道惡棍的心是什麼樣子；但我知道善良的心是什麼樣的，那很恐怖。」

只要貧窮存在，上帝也會存在

在過去的歷史中，並沒有任何例子顯示，社會能夠不靠宗教輔助，而成功的維持道德規範。法國、美國和其他一些政教分離的國家，仍須靠宗教幫忙維持社會秩序。只有少數共產國家不僅政教分離，也拒絕宗教的幫助；蘇聯這種暫時性的成功，也許是因為共產主義暫時被人民當成宗教（或者，無神論者會說是鴉片），取代了教會所販賣的安慰和希望。如果社會主義政權無法解決人民的貧窮問題，這個新宗教可能會失去信眾的熱情，再也無法產生作用，到時，政府可能得靠恢復超自然信仰來平息眾人不滿的情緒。

「只要貧窮存在一天，上帝就存在一天。」

威爾・杜蘭嘉言錄

・拿破崙說：宗教可以阻止窮人謀殺富人。

・如果我們把上帝定義為無上智慧和博愛，那麼歷史顯然不支持上帝的存在。

・大學，一度和教會結盟，現在則由科學家和商人把持。教育，曾是神職人員的神聖領域，現在變成凡夫俗女在教化那些只怕警察的青少年。

・歷史沒有任何例子顯示，社會可以不靠宗教輔助，而成功維持道德規範。

第八章

經濟，
幫我們看清歷史

所有的經濟史，
其實是社會有機體的緩慢心跳，
財富集中是收縮，
強制重分配是舒張。

根據馬克思的說法，歷史是經濟的實踐——個人、團體、階級和國家之間，為食物、燃油、原料和經濟勢力彼此互相競爭。政治體制、宗教制度、文化創造都植基於經濟實體。

於是，工業革命帶來民主、女性主義、節育、社會主義、宗教式微、道德敗壞、文學不再依賴貴族階級的贊助、小說裡寫實主義取代浪漫主義，以及歷史經濟學的誕生。

造成上述改變的歷史名人，並非其中之因，而是最後之果；若希臘人從未企圖獲取達達尼爾海峽（Dardanelles Strait）的商業控制權，則世人可能永遠不會知道，誰是阿卡曼儂（Agamemnon），誰是阿基里斯（Achilles），誰是赫克特（Hector）[33]；讓特洛伊發動千艘戰船的是經濟野心，而不是「比披著美麗繁星的夜空還美」的海倫（Helen）[34]。那些狡猾的希臘人知道如何用優美的修辭，掩蓋赤裸裸的經濟現實。

毫無疑問的，經濟因素幫我們看清了大部分的歷史現實。古希臘城邦聯盟提洛同盟（Delian Confederacy）的錢建造了希臘帕德嫩神廟（Parthenon）；埃及豔后克麗奧佩特拉（Cleopatra）女王統治下的埃及國庫，幫助屋大維復興貧窮的義大利、讓著名詩人維吉爾（Virgil）享有年俸、也讓抒情詩人賀瑞斯（Horace）買得起農場。

經濟利益常是革命的導火線

十字軍東征跟羅馬和波斯間的許多戰爭一樣，源於西方企圖控制到東方的貿易路線；發現美洲是十字軍東征失敗的結果。義大利梅迪奇（Medici）家族[35]的財庫贊助了佛羅倫斯的文藝復興；德國紐倫堡（Nuremberg）的工商業盛行造就了畫家杜瑞（Dürer）。法國革命不是靠伏爾泰精采的諷刺文，也不是靠盧梭感人的浪漫小說，而是因為中產階級興起、主導經濟，他們需要為自己的企業和貿易，爭取合法的自由，也渴望得到社會的接納和政治權力。

馬克思並沒有說，一個人的行為全都靠經濟利益的驅使，他也不認為阿伯拉（Abélard）[36]的愛情、佛陀的教誨或英國詩人濟慈（Keats）的詩，是源於經濟的考量。不過馬克思也許低估了非經濟動機，在大眾行為中所扮演的角色：比方宗教狂熱（如伊斯蘭教或西班牙的軍隊）、民族激情（如希特勒的部隊或日本的神風特攻

㉝阿卡曼儂、阿基里斯、赫克特都是古希臘羅馬神話中的人物，其中阿基里斯被稱為「希臘第一勇士」。是海洋女神佘蒂斯（Thetis）與國王皮流士（Peleus）的兒子，是所有英雄中最耀眼的一位，也是戰無不勝的，以勇氣，俊美和體力著稱。由於僅具有半神血統，本來難免一死，母親佘蒂斯希望自己的孩子跟她一樣長生不死，所以試著將孩子放到天火中烤以提煉他身體內的神力。正當她握著他的腳踝煉在天火中時，突然被丈夫發現而匆忙把孩子從火中拿出來，但阿基里斯真的煉到了全身刀槍不入，惟有腳踝，因為這是佘蒂斯手握著他的地方，所以他的腳踝成為他的致命弱點，此為西諺「阿基里斯之腱」的由來。

㉞特洛伊戰爭是以爭奪世上最漂亮的女人海倫為中心，道出以阿卡曼儂及阿基里斯為首的希臘聯合遠征軍，進攻以帕里斯及赫克特為首的特洛伊軍的十年攻城戰。現代考古和歷史研究證實，特洛伊和特洛伊戰爭的確存在。但並非荷馬史詩所描述的復仇戰爭，而是希臘為爭奪特洛伊的重要地理位置，和貿易權益發動的一場侵略性戰爭。

㉟梅迪奇家族是佛羅倫斯十三至十七世紀，在歐洲擁有強大勢力的名門望族。梅迪奇家族的財富、勢力和影響源於經商、從事羊毛加工和在毛紡同業公會中的活動。然而真正使梅迪奇發達起來的是金融業務。梅迪奇銀行是歐洲最興旺和最受尊敬的銀行之一。梅迪奇家族以此為基礎，開始是銀行家，進而躋身於政治家，教士，貴族，逐步走上了佛羅倫斯、義大利乃至歐洲上流社會的巔峰。

㊱阿伯拉（Peter Abelard）是知名哲學家，他在歷史上最有名之處，是他與學生哀綠綺思的愛情故事，而他們往來的書信，成了西方文學史上最感人的情書。

隊）、暴民們互相鼓動的激憤情緒（一七八〇年六月二日至八日發生在倫敦的戈登暴動〔Gordon Riots〕㊲，或一七九二年九月二日至七日發生在巴黎的大屠殺㊳）。

在上述這些例子裡，領導者的動機（常是隱而不顯的）可能源於經濟因素，但是事件的結果大部分，由群眾的激情決定。在很多情形下，政治或軍隊明顯是經濟勢力運作的成因而非結果，如一九一七年列寧領導的布爾什維克派（Bolsheviks）奪得俄羅斯政權，或南美歷史上常見的軍事政變。有誰會否認，北非摩爾（Moor）人占領西班牙，或蒙古人征服西亞，或蒙古人征服印度，其實全是出於經濟利益。在這幾個例子裡，窮人的力量比富人還大；軍事勝利有助於取得政權，取得政權後則可帶來經濟控制權。軍人們大可用軍事史觀來詮釋歷史。

了解以上幾點之後，我們就可以藉經濟分析來學到很多教訓。原來，蠻族之所以能入侵羅馬，是因為之前羅馬軍隊的戰士多半是農夫，他們吃苦耐勞且很愛國，願意為保衛土地而戰；但後來廣大的土地為少數人所有，原本吃苦耐勞的農夫成了在土地上無精打采勞作的農奴。

能管理錢的人，能管理所有的一切

如今，小的農場無力使用機器來耕作，再次迫使農業變成資本主義，或共產主義式的大規模生產。有人曾說：「文明寄生於人與鋤頭之上。」但如今提鋤頭的人已經日漸消失，取而代之的是駕駛拖車或割穀機的工人。農業變成工業，農人就得面臨要為資本家工作？或成為政府的雇傭？

在歷史的另一端有這麼一個說法：「能夠管理人的人，只能管理可以管理的東西；但能管理錢的人，可以管理所有的一切。」所以，銀行家可以爬到金字塔的最頂端，他們觀察農、工、商的趨勢變化，誘導資金的流向，幫我們把錢翻兩翻，控制貸

㊲在一七八〇年六月七日晚上，倫敦街頭爆發了「戈登動亂」（Gordon Riots），原因是新教徒對英國首相諾斯放寬對天主教的政策而感到非常不滿，示威者到處放火，有些更走到了首相官邸唐寧街一帶。

㊳一七九二年，法國革命最詭異的一年，普魯士和奧地利聯手向法國宣戰，這時候新憲剛成立，但是雅各賓黨人控制平民議會衝進凡爾賽宮，宣布廢帝廢憲，大屠殺開始，路易十六和皇后瑪麗被送上斷頭臺。

款、利息、和企業金融，他們冒大險賺大錢。

從佛羅倫斯的梅迪奇家族、德國奧格斯堡（Augsburg）的富格家族（Fuggers），巴黎和倫敦的羅斯柴爾德家族（Rothschilds）、紐約的摩根家族（Morgans），銀行家們穩坐政府顧問、以財力資助戰爭和政治人物、偶爾還會點燃革命的火花。他們的權力讓他們曉得一項祕密，那就是，在研究過物價波動後，他們了解「歷史就是通膨」，「存錢」是聰明人非不得已才會做的事。

過去的經驗告訴我們，每一個經濟體系，遲早都得靠某種動機，來刺激個人和群體的生產力。其他如奴隸制度、用警力監督、或靠意識形態的熱情多半效果不彰，不是代價昂貴就是效果不持久。一般情況下，我們總是用生產力來評價一個人的能力；但在戰爭時則例外，戰時的評價標準是看一個人的破壞力。

因為每個人的能力並不相同，而且在大多數的社會裡，只有少數人具備高度生產力。如此一來自然導致財富的集中，這種情況在歷史上總是不斷在上演。隨著法律所允許的經濟自由程度不同（假設其他要素相同），財富集中的比例也不同。專制的政府可能會阻止財富集中的速度；民主制度則允許最大程度的自由。

美國在一七七六年之前和其他國家比起來，算是比較平等的，但隨著體格、心智與經濟上的上千種差異，已逐漸拉大了人與人之間財富的距離，目前最富者和最貧者之間的差距，是自富庶的羅馬帝國以來最大的。財富的集中多半會發展到一個階段，即眾多窮人合起來剛好足以匹敵少數富人。根據歷史，在這種關鍵時期，人們會立法重新分配財富，或來場革命導致均貧。

財富重分配的戲碼史不絕書

在紀元前五九四年的雅典，根據希臘作家普魯塔克（Plutarch）的說法：「富人和窮人間的財富差距達到高峰，讓雅典城岌岌可危，而且好像除了靠專制政權之外……沒有任何其他方法可以免於暴亂。」窮人發現自己一年比一年過得更糟——政府操控在某些人手上，腐敗的法庭又偏袒富人——於是他們開始醞釀暴動。而富人則不滿窮人想要分瓜他們的財產，準備訴諸武力自衛。

最後，理性派獲勝；溫和分子選擇支持具有貴族血統的商人梭倫為最高行政首長。梭倫讓貨幣貶值，以減輕債務人的負擔（雖然他自己也是債權人）；他降低所有的個人負債，並廢止欠債監禁的懲罰，也取消所有賦稅和貸款；制定漸進稅率，讓富人繳納比窮人高十二倍的稅；他讓法院改組，增加平民參與的比重；並讓政府出錢扶養並教育在戰爭中陣亡戰士的下一代。

但富人們開始抗議，說他的政策明擺著是政府非法沒收私產；激進分子則抱怨他沒有重新劃分土地；不過，幾乎所有人都同意，是他的溫和改革政策讓雅典免於流血革命。

羅馬元老院素以智慧聞名，當羅馬財產不均的情形快達到沸點時，元老院卻不願妥協，結果導致其後一百年的階級鬥爭與內戰。羅馬共和時期的護民官大格拉古（Tiberius Gracchus）出身貴族，但被選為護民官，保衛平民的權利。他建議重新分配土地，每人限擁有三百三十三英畝，剩下的則劃給在首都裡的無產階級。元老院卻反對他的提案，指責他這是公然沒收。於是他直接訴求於平民：「你們拚死拚活的工作，卻是為了別人的財富和奢華；你們被稱為世界的主人，腳下卻連一寸土地也沒有。」他後來違反羅馬法規定，想要競選連任護民官；卻在一場選舉暴動中被刺身亡（紀元前一三三年）。他的弟弟小格拉古（Caius）繼承遺志，但無法避免暴動重演，在自責之下小格拉古命令僕人將他自己殺死；奴僕聽命之後，也自戕身亡（紀元前一二一年）。

三千個小格拉古追隨者被元老院判處死刑。另一位平民出身的護民官馬略則接手領導平民，卻在運動瀕臨革命邊緣之際抽身了。羅馬貴族加蒂藍（Catiline）則組織了一支名為「悲慘貧民」的革命軍隊，建議廢除所有一切的債務，卻被羅馬政治家兼演說家西塞羅（Cicero）滔滔不絕的口才所擊敗，在一場與元老院對抗的戰爭中陣亡（紀元前六二年）[39]。

凱撒大帝原本希望這種階級鬥爭能達成和解，卻在五年的內戰之後被貴族謀殺（紀元前四四年）。凱薩的繼承者安東尼（Mark Antony）把對凱撒的支持和個人的野心糾纏在一起；之後屋大維在亞克興角戰役（Actium）將安東尼擊敗，成立了維持兩百一十年（紀元前三〇至紀元一八〇年）羅馬和平的「元首制」（Principate），不僅停止階級戰爭，也維持帝國內各城邦間的和平。

西羅馬帝國的政體崩潰後（紀元四七六年），接下來是好幾世紀的貧困，接著財富又重新集中在少數人身上，羅馬天主教廷擁有特權是部分原因。就某一方面而言，宗教改革乃是藉減少神聖羅馬帝國，與英國對羅馬教廷的奉獻，並將教會資產和收入歸給教會外的團體，而達到財富重新分配的目的。

財富集中於少數人，是不可避免的

法國大革命，原本欲藉由鄉間農民的造反，和都市的大屠殺手段，重新分配財富，結果將貴族的資產和特權轉給了中產階級。美國政府在一九三三年到一九五二年，與一九六〇到一九六五年間遵循梭倫的和平方式，以溫和且和平的方法達成財富重分配的目的；也許有人認真研究過歷史呢！美國的上層階級曾詛咒財富過度集中，又被動接受，然後又繼續積聚財富。

我們的結論是：財富集中於少數人是自然且不可避免的，總是會週期性的透過暴力，或和平方式重新分配。這麼看來，**所有的經濟史，其實是社會有機體的緩慢心跳，財富集中是收縮，強制重分配是舒張。**

㊴西元前六四年，加蒂藍準備競選護民官，其中一位競爭者就是西塞羅，但加蒂藍落選。一年之後加蒂藍又捲土重來。不過投票結果還是輸了，不過當選者被控違反選舉規定。當時元老院授意由當時的首席律師西塞羅替該當選人辯護，就是不讓加蒂藍當選。加蒂藍開始集結當時債臺高築而不滿現狀的退役士兵，並且以西塞羅為目標，打算暗殺西塞羅，但消息走漏，元老院最後對加蒂藍跟其他五名同黨派直接處以死刑。

威爾・杜蘭嘉言錄

- 十字軍東征源於西方企圖控制貿易路線，而發現美洲是十字軍東征失敗的結果。
- 領導者的動機常源於經濟因素，但歷史事件的結果，大部分由群眾的激情決定。
- 能夠管理人的人，只能管理可以管理的東西；但能夠管理錢的人，可以管理所有的一切。
- 財富的集中多半會發展到一個階段——即眾多窮人合起來剛好足以匹敵少數富人。結果……

第九章

社會主義的歷史歸宿

東是西，西也是東，
這兩者很快就會聚首了。

社會主義與資本主義的對抗，是財富集中與分散的歷史樂章的一部分。當然，資本家已實踐了創造性功能：透過分紅或支付利息的方法，把大家的儲蓄集中成具生產力的資本；資本家讓農工業機械化，也讓銷售合理化；造成史無前例的結果：貨品由生產者到消費者的巨量流通。他們把「自由化」當成福音，若無須繳交通行稅，並解除法令限制的話，則商人可讓大眾享有更多的食物、舒適的住宅和休閒生活，比靠政府和公務員（他們不受市場供需法則影響）來管理更棒。

在自由化的企業制度中，靠競爭的刺激和對創業的熱情，可以提高個人的生產力和創造力；在各種人才交流與技術天擇的情形下，每一種能力都會獲得適當的報酬與地位；這就是民主的基本法則，因為大部分產品和服務都是大眾的需求，而非由政府的法令來決定。同時，競爭迫使資本家必須殫精竭力，製造出越來越優秀的產品。

古文明開始就有社會主義實驗

上述說法的確不假，但卻不能解釋，為什麼歷史上仍充滿了對濫用工業優勢、價格操控、商業欺詐及為富不仁的指控與反動。

這些行為自古就存在，因為幾世紀以來，有好多國家不斷在進行社會主義的改革。我們讀到紀元前二一〇〇年，在古代美索不達美亞的蘇美文明中記載著：

經濟由政府來管理。大部分可耕地屬於皇室所有；勞動者將收穫繳送到皇家倉庫後可收到定量配給。他們成立了分工精細的層級組織，來管理這個龐大的政府經濟，所有的繳交和配給都有紀錄。在首都烏爾（Ur）、拉格什（Lagash）、烏瑪（Umma）……找到數十萬個紀錄的石版。與國外貿易也都是以中央政府的名義進行。

在巴比倫時代（約紀元前一七五〇年），漢摩拉比法典中曾統一規定牧人和藝匠的工資，以及醫生手術的收費標準。

在埃及托勒密（Ptolemaic）王朝下（紀元前三二三年至三〇年），政府擁有土地並管理農業：農民要耕作哪裡的土地，要栽種哪些作物，全由政府規定；收穫由政府派人秤量記錄，在皇家打穀場打穀，由農工隊運到國王的穀倉。礦場及採礦權歸政府所有。油、鹽、蘆葦紙及織品的生產由政府制定。

政府控制所有的商業行為；大部分的零售商都是國營的，賣的是政府的產品。國家壟斷銀行，但會交給私人公司經營。每一個個人、工業、程序、產品買賣、和每一個法律文件都得繳稅。為了不遺漏任何可以課稅的買賣和收入，政府養了一群稅吏，並有一套複雜的個人與資產登記系統。這個系統帶來的收入，讓托勒密王朝成為當時最富有的政府。

在此制度之下，托勒密王朝成為當時最富有的國家，並完成許多偉大的工程。農業很興盛，帶來的收益有很大部分投入國家發展，和資助文化活動。著名的亞歷山卓（Alexandria）博物館和圖書館約於紀元前二九〇年成立。科學和文學也很鼎盛，一些學者（或曰七十或七十二名學者）將《本土譯本》（*Septuagint*）翻譯成希臘文。不過，很快的，幾個法老王發動戰爭，勞民傷財，紀元前二四六年後，他們縱情酒色，讓政府的行政管理權流入幾個惡棍手中，這些人極力壓榨貧民，一分一毫都不放過。政府課稅一代比一代嚴苛，罷工和暴力事件頻傳。

儘管首都亞歷山卓的平民仍傾向和平，但被龐大的軍隊所控制，平民們無法參與政府決策，最終還是變成暴民。農工業日漸衰退，道德隨之敗壞，直到屋大維將埃及納入羅馬版圖（紀元前三〇年），社會秩序才逐漸恢復。

一種戰爭時期的經濟管制

羅馬在戴克里先（Diocletian）皇帝在位時，也曾實施過社會主義。面臨大眾越來越窮、人民騷動、蠻族隨時可能入侵，戴克里先在紀元三〇一年頒布「最高物價指令」（Edictum de maximis pretiis），譴責囤積、壟斷市場者，並限定重要物資和服務的最高價格與工資。政府並發包多項公共工程，讓失業者有工作，並免費或降價分送食物給貧民。

政府當時擁有大部分的礦場、採石場及鹽場，嚴格控制所有的重要工業和工會。

文獻中記載：「政府成為每個大城中最有力的雇主……比私人企業家還有力，私人企業家則被重稅制度壓垮。」當商人不斷抱怨此舉將導致私人企業破產時，戴克里先卻解釋，蠻族已經虎視眈眈，在群體自由岌岌可危下，必須先犧牲個人自由。戴克里先的社會主義是一種戰時的經濟管制，由外來的恐懼而生。在其他條件不變的情形下，當外來的威脅越大，內部的自由度必然縮小。

但後來戴克里先的官僚體系不斷擴張，花費越來越大，也越來越腐敗，終而無法認真管控各項經濟任務。為了維持這個官僚體系——包括軍隊、法院、公共工程、政府補助——的運作，政府課徵極高的稅，高到大家都失去努力工作賺錢的動機，律師與執法者之間展開一場內耗大戰，一方想設法逃稅，另一方則努力訂定防範逃稅的法律。數以千計的羅馬人為了逃避催稅官，越過羅馬邊界投奔蠻族懷抱。為了阻止逃稅遷徙，並方便控制和收稅，政府頒布法令：在繳清所有欠債與稅款之前，農民不得離開耕地、工人不得離開工廠。就這樣，開始了中古時期的農奴制度。

中國的社會主義實驗

中國也曾數次施行過社會主義。根據司馬遷（約生於紀元前一四五年）的記載，漢武帝（紀元前一四〇至紀元前八七年在位）為了防止私人「霸占豐富資源以自肥、奴役下層階級」，乃將鹽、鐵、酒國有化，政府管制交通和貿易，徵收所得稅，政府建設公共設施，包括開鑿數條可灌溉耕地的運河。政府儲存貨物，高價時賣出，低價則買進。司馬遷道：「如此，富商大賈無所牟大利，故抑天下物，名曰平準。」文獻中記載，當時的中國史無前例的強盛。

武帝逝世之後，天災加上人謀不臧，迫使這個社會主義的實驗結束了。旱潦交加導致物資短缺，物價升高，難以控管。商人抱怨稅收過高，窮人則為高物價所苦，也加入富人要求回歸舊法的聲浪，當時有人提議，發明這個新制的人應該活活被烹死。各項改革措施一一被撤回。

王莽（紀元九至二十三年在位）㊵是位傑出的學者、文學愛好者，也是慷慨將財富與好友及窮人分享的百萬富翁。篡得漢朝王位後，他晉用了許多文學、科學及哲學專精之士，將土地國有化，平等分割授予農民，結束了農奴制度。他仿效漢武帝賤買貴賣以調整物價，並給予私人企業低利貸款。那些被他立法削去利益的集團聯合起來推翻他，並因為旱潦之災與外患入侵，富有的劉氏宗室成為叛軍領袖，他們殺了王莽，廢除他的新法，一切恢復原狀。

一千年之後，王安石當了中國北宋的宰相（紀元一〇六八至八五年），實行新法，政府大規模的介入經濟。王安石認為：「政府應該全面將商、工、農業收歸國有，以幫助工人階級免於被富人剝削一空。」他的低利貸款使農民免於被高利貸剝削。他鼓勵屯墾，預支種子和其他支援給農人，等到來年收穫時才須償還。他規畫偉大的防洪工程並降低失業人口，並在各地指派專員調整物價和工資，將商業國有化。

㊵王莽，字巨君，受漢朝的劉氏禪讓，建立了「新朝」，後來在新朝政權結束後，漢朝恢復了其政權。歷史學家一般都認為是王莽篡漢立新朝。

老者、失業者與貧民可支領津貼。他改革教育和考試制度（乃求仕途之路），以至於「學子拋棄修辭課本，開始研讀歷史、地理與政治經濟學入門。」

那麼，後來又是什麼破壞了這個社會主義的實驗呢？

首先，重稅，為了養一批日漸膨脹的政府官員。第二，每家徵男丁一員組成軍隊抵禦蠻族入侵。第三，官僚腐敗；中國和其他國家一樣，面臨了私人豪奪和公家貪汙的兩難。保守派以王安石弟弟❹❶為首，他們認為由政府管理企業根本不切實際，因為人會腐敗且無能，最好的經濟政策應由市場決定。富人們的財產被課徵重稅，又受到商業國有化的衝擊，因此傾其全力詆毀新法、阻撓其施行、以求結束變法。此一有組織的反對運動，帶給當時的皇帝很大壓力。當另一個旱災發生後，皇帝罷免了王安石，廢除新法，將大權移交給反對的保守派。

共產主義接續社會主義興起

史上最長久的社會主義政權，是印加人（Incas）於十三世紀在今天的祕魯境內建立的。印加人相信他們的統治者是太陽神的使者，有權管理所有的農業、勞動和商業。政府普查紀錄物資、個人和收入清單；境內有一套十分便利的道路系統，「稽查員」負責維持此交通系統的運作，在如此幅員廣大的國境內，精密管控乃是不可或缺的。每個人都為政府工作，而且大家似乎樂在其中，因為衣食無虞。此一制度一直維持到一五三三年，秘魯被西班牙早期殖民者皮薩羅（Pizarro）征服才廢止。

在南美山麓的另一邊，沿著烏拉圭河的葡萄牙殖民地上，一百五十個耶穌會傳教士將二十萬印地安人組織成一個社會主義團體（約紀元一六二〇至一七五〇年）。統治的教士管理幾乎所有的農業、商業和工業。他們讓每個青少年在教士安排的各種行業中自由選擇一項，但每個人每天必須工作八個小時。傳教士們提供娛樂，安排運動、舞會、千人合唱表演，並訓練管絃樂團演奏歐洲音樂。他們也擔任老師、醫生、法官，且制定了廢除死刑的刑法。

㊶此處作者引述的國外資料可能有誤，根據中國歷史，保守派之首應該是著有《資治通鑑》的司馬光。

這些印地安土著都很溫馴且滿足，當國家受到攻擊時，人人都奮勇捍衛家園，出乎敵人的意料之外。一七五〇年葡萄牙割讓部分領土給西班牙，其中包括這七個耶穌會屯墾區。因為謠傳這些殖民地下面藏有黃金，所以西班牙人立刻進駐；葡萄牙的蓬巴爾（Pombal）政府（當時蓬巴爾和耶穌會不和）就命令耶穌會教士和土著遷出這些屯墾區；印地安人抵抗一陣子後，這個社會主義實驗最後還是告終。

在德國伴隨新教改革的社會反動中，一些反叛軍領袖就依據《聖經》宣傳一些社會主義的口號。其中一位牧師托馬斯・閔采爾（Thomas Münzer）號召大眾推翻國王、教會與資本家，並成立一個所有東西都是共有的「精緻社會」。托馬斯招募了一群農奴成軍，用耶穌門徒的公社故事來鼓動他們，帶領他們上戰場。結果卻失敗了，五千人被殺，托馬斯被砍頭（紀元一五二五年）。胡特（Hans Hut）接受托馬斯的教導，在德國北部奧斯德利茲（Austerlitz）成立了一個再洗禮教派（Anabaptist）社群，實行了幾乎一世紀的共產主義（1530-1622）。萊登（Leiden）地區的羅賓遜牧師（John Robinson），領導一群再洗禮教徒占領了西發里亞（Westphalia）首都明斯特

（Münster），他們在那裡維持了十四個月的公社政權（1534-1535）。

十七世紀時英國清教徒首領克倫威爾（Cromwell）軍隊裡，一群「平等主義者」（Levellers）要求他在英國建立一個共產烏托邦，但沒有結果。社會主義的激情在英國光榮時期冷卻，但工業革命興起，讓人體會到早期資本主義的貪婪和殘酷——童工、女工、工時長、工資低、傳染病滋生的工廠和貧民窟——之後，社會主義激情重燃。馬克思（Karl Marx）和恩格斯（Friedrich Engels）於一八四七年發表的《共產黨宣言》（*Communist Manifesto*）等於是此運動的大憲章，而一八六七年到一八九五年所發表的《資本論》（*Das Kapital*）宛如社會主義運動的聖經。他們原本以為社會主義會先在英國實施，因為英國的工業最發達，又達到中央管理的地步，引進此制度最適宜。只可惜他們活得不夠久，沒機會見到共產主義在俄羅斯爆發，否則一定會很驚訝。

共產主義是戰爭經濟下的產物

為什麼現代社會主義會先在俄羅斯發生？——那裡的資本主義才剛萌芽，也沒有大企業過渡到中央政府控制的條件。儘管好幾世紀的農奴制度，與許多知識分子的反動，已開始為社會主義鋪路，不過農奴在一八六一年就已經獲得自由了，而知識分子一直傾向無政府主義，反對中央集權。因此一九一七年的俄國革命成功，可能是因為沙皇戰敗、政府無能；俄國經濟在戰爭中崩潰，農民帶著武器從前線歸來，而且革命領袖列寧和托洛斯基（Trotsky）受到德國政府的安全保護。

所以俄國革命會採取共產形式，乃是因為新政府受到內亂外患的挑戰；人民的反應像所有被圍困的國家一樣——在秩序和穩定恢復之前，個人自由先放一邊。此時的共產主義就是戰爭經濟。它能維持下去的理由，是因為人民害怕戰爭；若能有一百年之久的和平，共產主義應該會被人類追求經濟自由的天性所腐蝕。

現在，俄國的社會主義恢復以個人成就動機為基礎，刺激更高的生產力，並讓人民有更多的人身和思想自由。同時，資本主義透過類似社會主義的立法限制私人財產，並以「福利國」的形式重新分配財富。馬克思其實並非德國哲學家黑格爾（Hegel）的忠實信徒，他將黑格爾的辯證法解釋成：資本主義和社會主義的鬥爭，會以社會主義的全面勝利告終；但是，如果運用黑格爾的正反合公式，工業革命是正，資本主義與社會主義的對抗是反，第三階段就應該是資本主義和社會主義的（綜）合；西方世界顯然正在朝這個妥協前進。

西方的政府在經濟上扮演的角色一年比一年重要，私人企業的影響力越來越小。資本主義保留了私人財產、自由企業、競爭，使貨物生產充沛；上層階級繳交重稅，讓政府能提供教育、保健、娛樂等以前沒有的福利，給一群先天較不足的人。

對資本主義的恐懼迫使社會主義更開放，對社會主義的恐懼，則迫使資本主義更加平等。東是西，西也是東，這兩者很快就會聚首了。

威爾．杜蘭嘉言錄

- 內亂外患會造成國家採取社會主義。
- 漢武帝、王莽、王安石，都實施過社會主義實驗。
- 為了維持社會主義的官僚體系而課重稅，會讓國家展開內耗大戰。
- 運用黑格爾的「正、反、合」公式，工業革命是正、資本主義與社會主義的對抗是反，第三階段應該就是資本主義和社會主義的綜合。

第十章

史證顯示：好政府不民主

林肯曾說：

「你不能愚弄所有人於永遠。」

這可能是真的，不過，

你可以愚弄足夠的人以統治一個大國。

英國詩人波普（Alexander Pope）認為，只有蠢人才會為政府的形式而辯論。歷史顯示，所有的政府制度都有其優點。因為人們熱愛自由，而社會中，個人的自由需要一些行為限制。絕對的自由會造成混亂。所以，政府的首要之務是維持秩序；相較於眾人手中分散的力量，有組織的中央集權制是唯一的對策。

權力當然要集中於中央，因為權力一旦分割、稀釋、或分散，就會失去力量，波蘭議會的自由否決權（liberum veto）㊷就是個例子；所以，德國的君主政體在俾斯麥（Bismarck）的主政下採用中央集權，雖然遭到封建貴族的反對，卻頗受歷史學家的讚揚。在美國，權力也同樣集中於聯邦政府，談各州的「權力」是徒然的，因為經濟根本不分州界，只有靠中央權力才能控管。今天，工、商和金融業的發展，早已跨越國界，成為一種國際趨勢。

㊷在十七、十八世紀的波蘭，憲法規定了一種自由否決權，所有的法案都必須在議會獲得全數贊成通過，只要有一名議員反對，法案就無法通過，而且議會必須立即解散。

民主制度像鬧哄哄的插曲

君主制似乎是最自然的政府形式，因為它是父親及族長權力的擴大延伸。如果我們以史上最普遍、且維持時間長久，為評判政府制度的好壞標準，君主制應該勝出；相較之下，民主制度則像是鬧哄哄的插曲。

羅馬的民主制在格拉古兄弟（The Gracchi）、馬略和凱撒領導的階級戰爭中垮臺後，屋大維在實質君主制的政體下，創造了政治人物史上最偉大的成就——即紀元前三〇年至紀元一八〇年的羅馬和平，範圍東至大西洋，西至幼發拉底河（Euphrates），北至蘇格蘭，南至黑海，時間長達兩百多年。

在他之後，雖然有三位暴君卡里古拉（Caligula）、尼祿（Nero）和圖密善（Domitian）讓君主制蒙羞；但他們之後又有涅爾瓦（Nerva）、圖拉真（Trajan）、哈德良（Hadrian）、派厄斯（Antoninus Pius）及馬可・奧理略㊸。法國思想家荖難稱他們是「世上最優秀的主權繼承者」。吉朋曾說：「若要指出人類最幸福繁榮的時光，那無疑是從涅爾瓦繼位到奧理略崩殂的這段時期。這段時期，很可能是史上唯一政府以人民福祉為唯一目標的例子。」

在那個輝煌時期，羅馬的人民以臣服它為榮，此時的君主制是採收養制的（相當於中國的禪讓制度）：皇帝不將大權傳給自己的子嗣，而是傳給他認為最優秀的人；他將這人收養為子，訓練他治理國事，再慢慢將權力轉移給他。這個制度能夠運作良好，部分原因是圖拉真和哈德良都沒有子嗣，而派厄斯的兒子早夭。奧理略有個兒子康莫德斯（Commodus），因為奧理略沒有指定繼承人，康莫德斯就繼位稱王，之後很快就天下大亂㊹。

㊸這五位皇帝謙虛，勤政愛民，這段時期也是自屋大維之後羅馬帝國最強盛的時期。這段時期被稱為羅馬治世，又叫作五賢帝時期或五賢帝時代。

㊹有些史家認為派厄斯——奧理略——康莫德斯的傳承是失敗的政權移轉，導致羅馬垮臺。見英國歷史學家湯恩比（Arnold J．Toynbee）的《歷史研究》一書第四章第六〇頁（*A Study of History*，London, 1934, f，IV, 60）。

總的來說，君主制的優劣各半。君主繼位之爭帶來的禍害，和君主制帶來的好處其實不相上下。王位依血源傳承時，比較可能導致昏庸者繼位、偏袒親戚、無責任感和浪費，而不是高貴或治國之才。雖然法國路易十四常被當成是現代君主的典範，但當他去世時，法國人民卻歡欣鼓舞㊺。**政府的複雜度之高，任何想用一己之智慧去掌控的人都會被擊倒。**

所以，大部分的政府其實都是寡頭政權：由少數人統治；統治者的選擇若非依照出身（如貴族），或是宗教組織（如神權政治），就是財富（如民主制度）。多數人統治是違反自然的（連法國思想家盧梭都這麼認為），因為多數人通常無法組織起來，共同達成某一特定目標，只有少數人可以。如果多數的才能出自少數人身上，少數人組成的政府——就像財富集中一樣——是無可避免的；多數人能做的，只是定期罷免少數人組成的政府，另外成立一個。

貴族政治的興起與沒落

貴族階級則主張，由出身來選擇統治者，比按照財富、神學或暴力都有道理。貴族制度選擇一些人，保護他們不必因經濟因素而疲於奔命，從出生就開始訓練他們從政——靠榜樣、環境與從較低的職位做起；因為政治需要特殊的訓練，一般家庭或背景者根本提供不起。貴族政治不僅培養治國之才，也培養文化、禮儀、標準和品味，因此有穩定政局的功用，可以阻擋社會一窩蜂和道德規範的迅速變化。只要看看法國革命之後道德、禮儀、風尚及藝術變成什麼樣子，就很清楚了。

過去貴族們提供藝術家靈感，資助他們，但貴族們很少創作。他們將藝術家當成

㊺路易十四生前擴大了法國的疆域，使其成為當時歐洲最強大的國家和文化中心。他透過大量的征戰和宮廷的支出，促進商業發展和貨幣流通。他統治的晚期，法國有一半的稅收用在凡爾賽宮。當時法國的稅收制度規定貴族和教士不必納稅，因此沉重的稅務負擔，完全落到農民和正在興起的中產階級（市民）身上。後來法國大革命的原因之一，就是對法國稅收制度不公平的不滿。

勞工；貴族們喜歡生活的藝術，而不是藝術的生活，而且絕不會讓自己降格從事消耗心力的勞動。貴族通常不從事文學創作，因為他認為寫作是拋頭露面和市儈的行為。結果貴族常流於輕率、又一知半解的享樂主義者，一生逍遙自在，盡情享受，卻完全不將責任感放在心上。無怪乎貴族會頹廢了。貴族政治從「朕就是國家」（"L'état c'est moi"）到「朕之後就是洪水」（Aprés moi le déluge），只有短短三百年❹❻。

貴族獨享特權、獨攬大權、自私短視、壓榨人民、盲目遵循祖宗宗法而阻礙國家進步、發動奪權爭地的戰爭消耗民脂民膏，所以，雖然他們對國家有貢獻，但還是無法長久。被壓榨的人民團結起來奮力反抗，新富階級和窮人聯合起來消滅貴族的獨占和阻礙，上千個貴族上了斷頭臺，民主政治代之而起，進入了無政府狀態。

從歷史的角度來看，革命有其正當性嗎？這是個老掉牙的論爭，歷史上頗多先例，相對於神學家伊拉斯謨（Desiderius Erasmus）要求緩慢而有秩序的改革，馬丁路德則大膽的和天主教會決裂，或英國政治家福克斯（Charles James Fox）支持法國革命，愛爾蘭的政治家埃德蒙．柏克（Edmund Burke，被視為英美保守主義的奠基者）則維持對舊法統的捍衛。

不流血，一樣可以革命

在某些情形下，老舊不知變通的建制似乎需要靠暴力來推翻，如一九一七年的俄國。不過在大部分的情形下，想要達成革命的效果，並不一定非得要用革命這種手段，只要透過經濟的力量也會漸進達成。法國大革命後，控制金融的商人取代擁有土地的貴族，成為統治的權力；同樣的結果也在十九世紀的英國發生，但他們沒有流血，也沒有破壞公眾的和平。

和過去斷然決裂，會招致因突來的打擊或摧殘驚嚇，引發出瘋狂混亂。一個人

㊻ 此兩句皆為法文，前一句「朕就是國家」是法王路易十四所言，後一句「朕之後就是洪水」為路易十五所言，他們兩位為相繼任的國王，其中的三百年就是貴族政治時期。但也有另一派歷史學家認為路易十四的這句名言是不正確的。和此話原意相反的是，路易十四在臨終時說：「朕走了，但國將永存。」（法語原文：Je m'en vais, mais l'État demeurera toujours.）

的智慧需要靠記憶的連續，團體的智慧則靠傳統的延續。不管是個人或團體，這個連續鎖鏈若被打斷，就會造成瘋狂的反動，一七九二年九月的巴黎大屠殺就是個明顯的例子。

因為財富是來自生產和交換的秩序與程序，而不是貨物的累積（通常是不能持久的）；是對人和制度的信任（信貸系統），而不是真的相信紙鈔、支票本身有什麼價值；所以用暴力為手段的革命，不但不能重新分配財富，還會破壞財富。土地也許可以重劃，但人天生的不平等，很快就會重新造成財產和特權的不平等，並走上和以前類似的狀況——少數人再度獲得權力。**真正且唯一的革命，在於心智的啟蒙及性格的增進，真正且唯一能解放的是個人，真正且唯一的革命家只有聖哲。**

民主政治，導致貧富的嚴重對立

嚴格說來，民主政治約略從法國革命後開始。在美國，從傑克遜（Andrew Jackson）總統任內，才開始賦予男性投票權，至於所有成人都有投票權，則要等到我們（指本書作者）青少年時代。在雅典古城的三十一萬五千人中，十一萬五千人是奴隸，只有四萬三千人是有投票權的公民。女性、工人、商人和店員以及所有的外國移民都沒有公民權。

少數的公民分成兩派：寡頭統治派（主要是擁有土地的貴族和較上層的中產階級），和民主派（小地主和小商人）。在伯里克利（紀元前四六〇至四三〇年）主政時，貴族掌權，雅典的文學、戲劇和藝術發展到達高峰。伯里克利去世後，加上雅典貴族又因伯羅奔尼撒一役（紀元前四三一年至四〇四年）戰敗而失寵，普羅大眾（或是較低級的公民）掌握了權力，這種情況讓哲學家蘇格拉底和柏拉圖感到十分厭惡。此後，從希臘雅典的梭倫到羅馬占領希臘（紀元前一四六年）期間，寡頭統治派和民主派間的鬥爭不斷，在書本、戲劇、演說、投票、放逐、暗殺和內戰中處處對立。

紀元前四二七年，在柯西拉（Corcyra，即現在的科孚島〔Corfu〕）統治的寡頭派，暗殺了六十個民主派的領導人，後來民主派又推翻了寡頭統治派，組成所謂的公安委員會（Committee of Public Safety），並將受審的五十名寡頭派人士全部處決，還有好幾百名貴族囚犯在獄中餓死。古希臘歷史學家修昔底德（Thucydides，著有《伯羅奔尼撒戰爭》）的描述讓我們聯想到一七九二到一七九三年的巴黎：

柯西拉黨花了七天屠殺他們視為敵人的同胞。……死亡到處籠罩；暴力到達極端；有父親殺自己兒子的，祈禱者被活活拖離祭壇，或甚至直接在祭壇上被殺。……革命在城市中一個接一個的如火如荼的展開，下一個城市聽說上一個城市的殘暴行為後……便加倍殘暴的回報敵人。……柯西拉可為代表。……被統治者（他們從沒受到公平對待，或者說，除了暴力以外，從沒受過其他方式的對待。）……受到仇恨驅使，報仇方式殘暴且極度無情。……同時，原本維持中立的公民在兩個陣營的敵對中消失了。……整個希臘世界為之震撼。

在柏拉圖的《理想國》（*The Republic*）中，他替蘇格拉底代言，譴責雅典洋洋得意的民主是階級暴力、文化頹廢和道德淪喪構成的混亂：

民主派把禁慾行為視為不夠男子漢。……他們把侮慢當教養，無政府當自由，浪費當高尚，無禮當勇氣。……做父親的和兒子平起平坐，甚至畏懼兒子，而做兒子的和父親沒大沒小，不怕父母。……為師者要拍學生馬屁，學生則輕視老師。……老人因為不想被認為老古板、太威嚴，就開始模仿年輕人。……還有兩性平等和自由。……市民遇到一丁點兒威權就躁怒……他們甚至不再守法，不管是成文法或非成文法。……這就是滋養獨裁極權的溫床。……物極必反，獨裁會接續民主，最可怕的獨裁政權和奴隸制度，總是出自最極端的自由。

柏拉圖逝世之前（紀元前三四七年），他對雅典民主的負面評價，很快就得到歷史印證了。雅典再度富有，但財源來自商業資本而非土地；重新洗牌之後，工業家、商人和銀行家變為上層階級。這種改變導致對金錢的熱烈追求，貪心不足。新富階級興建俗麗的豪宅，給他們的女人穿戴昂貴的衣服和珠寶，僱幾十個傭人供她們使喚，豪奢宴客互相比美。貧富差距加大。

柏拉圖如此描寫：「雅典被分割成兩個城市……富人的和窮人的，兩個城市在交戰。」窮人計謀用立法、徵稅和革命的方式掠奪富人，富人組織起來自衛。柏拉圖的學生亞里斯多德（Aristotle）說：某些寡頭政權組織成員甚至表示：「我將與大眾（即平民）為敵。」與「我在議會上將幹盡一切壞事。」

希臘哲學家伊索克拉底（Isocrates）在紀元前三六六年寫道：「富人變得十分反社會，有資產的人寧願將財產丟到海裡，也不願借給窮人，窮人則認為搶劫富人比尋到寶還開心。」較窮的民主派一控制議會，便立法將富人的財產充公，好透過政府和補助重新分配財產給大眾。政府則絞盡腦汁尋找公家財源。

某些希臘城邦重新分配財產的方式更直接：在米蒂利尼（Mytilene），債務人集體屠殺債權人；在阿爾戈斯（Argos），民主派殺了好幾百個富人，然後將他們的財產充公。富有的人雖分處不同城邦，卻祕密聯合起來防堵平民反抗。中產階級和富人們開始懷疑，民主根本是賦予窮人嫉妒富人的權力，而窮人則懷疑民主，認為它是假平等——因為貧富的極大差距，讓窮人投的票毫無作用。階級戰爭越演越烈，希臘內部分裂，外交也失修，以至於在紀元前三三八年馬其頓王腓力（Philip of Macedon）突擊希臘時，許多有錢的希臘人寧願被他統治也不要革命。雅典的民主於是在馬其頓王的獨裁統治下告終。

羅馬帝國史——政治演化的輪迴

柏拉圖將政治演化的過程，簡化為君主制、貴族制、民主制和獨裁的輪迴，羅馬帝國史可為對照。

在紀元前第三和第二世紀，羅馬在寡頭政權下，制定外交政策並管理軍隊，他們佔領地中海沿岸地區，得到的財富都入了貴族的口袋；商業也高度發展，促成上層中產階級豪奢的生活方式。被征服的希臘人、東方人和非洲人被帶到農莊為大地主當奴隸。而原有的農人失去土地之後，只好離開農莊進入城市，成為無產階級，每月領取小格拉古在紀元前一二三年，為窮人爭取到的穀物配給。

從封地回朝的將軍和執政官，則為統治階級和自己帶回許多戰利品，因此出現了許多百萬富翁，流動資產取代土地成為政治權力的來源，敵對派系競相收買候選人或買票，紀元前五三年時，有人用一千萬塞斯特斯（sesterces，古羅馬貨幣）收買一群選舉人。當用錢買不到時，就用謀殺的：沒投票給指定候選人的，有些被打得半死，有的房子被放火燒光。這個政府是古代史上最富有、權力最大、也最腐敗的政權。

貴族階級力促龐培維持他們的優勢，一般平民則支持凱撒，於是戰爭取代買票成為取得政權的方式。凱撒勝利後，成立了受人民擁戴的獨裁政權。貴族卻派人殺了他，不過最後結果是他的侄子也是繼子屋大維當上獨裁者（紀元前二七年）。民主結束，君主復辟；柏拉圖式輪迴轉了一圈。

從以上的例子可能會推論，古時的民主制受奴隸制度、貪腐和戰爭的損害，不能算是真民主，也不足以當平民政府的先例。美國的民主較有基礎，有傳承英國的優勢，包括盎格魯—薩克遜律法（它從大憲章開始就一直保護人民免受政府迫害）與新教（宗教和心靈自由）。美國革命，並不只是殖民地人民反抗遙遠的政府，也是本地的中產階級興起，以反抗貴族入侵。因為擁有廣大、免費的土地，且立法不多，所以美國革命較容易也較快速達成。

擁有自己的耕地（除去自然環境的限制）、且能管控自己生活環境的人，多半有經濟基礎要求政治自由。他們的個性和性格根植於土地，於是他們選擇了傑佛遜當總統——傑佛遜有伏爾泰的懷疑論精神，和盧梭的革命情操。管理越少的政府，越適合解放個人主義的能量，幫美國從荒涼之地，變成物質豐富的理想國；從受西歐監護的被保護者，變成西歐的對手和守護者。鄉野的孤立等於提供更多個人的自由，而孤立於兩大洋之間，提供了美國更多自由和保護。以上及其他種種原因讓美國能發展出史無前例、基本而普遍的民主。

然而很多美國建國時期的條件已經漸漸消失了。個人的自由隨著城市發展而消失。工人只能依賴不屬於他的工具和資本，個人獨立條件因此消失。戰爭帶來的耗損更大，而個人卻無法了解戰爭的原因，也無法逃避其後果。免費的土地消失了，但自有住宅更普遍，雖然面積小了很多。曾經自己當老闆的店主現在為大經銷商工作，很可能像馬克思一樣，抱怨事事皆桎梏。在中產階級身上，經濟自由變得越來越不明顯，讓政治自由顯得更為迫切。這些並非富人故意和大家作對（像我們年輕氣盛時所認為的），這不是針對個人，而是經濟發展的必然，也是人性造成的。每一次經濟的進步都會幫某種優秀能力加分，並加劇財產、責任與政治權力的集中。

民主政治是所有政體中最困難的制度，因為它需要廣泛而普及的知識，而我們一般人擁有權利時，往往忘了我們也該擁有智慧，我們的教育普及了，但是智慧卻永遠被大多數愚蠢的人所阻礙不前。

一位犬儒主義學派的人曾說：「我們不應因為無知氾濫就推崇無知。」不過，無知並不會長久受推崇，因為無知很容易被大眾媒體的力量所操弄。林肯曾說：「你不能愚弄所有人於永遠。」這可能是真的，不過，你可以愚弄足夠的人以統治一個大國。

是誰讓藝術的品味不斷降低？

民主制度對當今藝術的墮落有沒有責任呢？說墮落也許有人不同意，因為這是主觀的價值判斷；我們當中被現代藝術搞過頭的風格（一堆無意義的色彩組合、廢物拼湊在一塊兒、不協調的各種噪音）嚇到的人，無疑還困在過去，不能欣賞實驗的勇氣。這些胡鬧玩意兒不是做給一般大眾欣賞的——大眾視這些藝術家為瘋子、墮落、騙子——而是給那些易上當的中產階級買家；他們被拍賣家催眠了，任何新的東西，不管怎麼醜惡，都能讓他們興奮。

以往，貴族階級的標準和品味，讓藝術家的想像力，和個人風格維持在作品可以讓人看或聽得懂，在能夠彰顯生命意義的範圍內，作品各部分以和諧、合邏輯的方式整體呈現。若說民主制度得為藝術的墮落負責，那只能說民主制度無法發展出，像貴族政治那樣穩定的標準和品味。如果現代藝術真的迷失在作怪裡，那不僅是因為大眾的品味讓它庸俗化，也是因為古典藝術已經無法產生新的風格和形式，而現代藝術在追尋新的模式、風格、規則和方法時，仍在摸索、掙扎。

真正的民主，是人人都有受教權

綜合上述推論，民主政治與其他政治制度相較之下，為害最少、為善最多。它為人類經驗提供的刺激和同舟共濟的精神，遠超過它的失敗和缺點。它刺激了思想、科學、和企業發展，並提供其運作和成長必須的自由。它打破特權和階級，每一代都能從各階層、各地方拔擢人才。在民主的刺激下，雅典和羅馬變成史上最具創造力的城市；在美國，兩個世紀以來的民主幫助史無前例的眾多人民豐衣足食。現在，民主制度正致力於普及並延長教育，以及維護全民健康。

如果教育機會能均等的話，民主理想就能成真。因為以下才是民主的真諦：雖然人類天賦不平等，但他們應有擁有幾乎平等的機會和教育資源。人類的權利並非任公職、掌權力，而是獲得培養、訓練那些能力的權利。權利並非神授或天賦，而是為了整體的利益，應該讓每個人都有機會獲得特權。

在英國、美國、丹麥、挪威、瑞典、瑞士和加拿大，民主形勢一片大好。它以勇氣和能力，抵禦外國獨裁政權的攻擊，並堅守國內的民主。但是，如果民主政權持續受戰爭左右或威脅，或者有人想稱霸全世界，因此而建立一支龐大的軍隊及軍費，則民主社會的自由，可能因征戰和鬥爭的需求而一項一項被放棄。

如果種族或階級鬥爭將我們分裂為敵我陣營，用盲目的仇恨取代政治辯論，則其中一方可能以武力取代政見發表。我們的自由經濟成功的創造了財富，但如果它無法同樣成功的分配財富，那麼，任何人都有可能成為下一個獨裁者，只要他能說服大眾即可。那時，一個好戰的政府，不管用什麼好聽的說詞都一樣，將會吞併民主世界。

威爾・杜蘭嘉言錄

- 大部分的政府其實都是寡頭政權：由少數人統治，統治者的選擇若非依照出身或是宗教組織，就是憑財富（如民主制度）。
- 中產階級和富人們懷疑，民主根本是賦予窮人嫉妒富人的權力；而窮人則懷疑民主，因為貧富的極大差距，讓窮人投的票毫無作用。
- 民主的真諦：平等的機會與教育資源，每個人都有機會獲得特權，而非投票掌權。

第十一章

戰爭是歷史常態，和平不是

有些衝突根深蒂固，
很難用協商解決。

戰爭是歷史的常態，且並未隨著文明或民主發展而消失。在過去三千四百二十一年的信史（人類用文字記載歷史之後的歷史）中，只有二百六十八年沒有戰爭。我們同意，到目前為止，戰爭是最極端的競爭形式，也是人種的自然淘汰。古希臘自然哲學家赫拉克利特（Heracleitus）說：「論爭乃萬事之祖。」戰爭，是想法、發明、建制和政府的強力源頭。和平是不穩定的均勢，只能在弱服強或權力相當的情形下才能維持。

戰爭的原因和個人競爭的原因相同：貪婪、好鬥和驕傲，對食物、土地、資源、燃料和控制的慾望。國家像個人一樣，有慾望，卻沒有個人所受到的約束力。個人遵從道德和法律加諸的限制，同意以討論代替打鬥，因為國家保證給個人、財產和權利的基本保護。但國家本身則沒有受任何實質限制，其中原因可能來自它夠強壯足以反抗任何外來干擾，沒有國際法或道德規範可以有效控制國家。

在個人方面，自尊心會增強競爭力；在國家方面，民族自尊心會增強外交和戰爭的力道。當歐洲各國從天主教廷的統治和保護解放之後，每個國家都把民族主義當作陸海軍的後盾。如果一個國家預見會和另一國起衝突，它便鼓動人民去憎惡該國，並製作口號以加強仇恨到致命的程度；與此同時，它還強調自己愛好和平。

當生存受到威脅，就管不了十誡了

這種強力鼓動與他國人民之間彼此仇恨的行為，多半發生在最基本衝突中，所以在十六世紀的宗教戰爭和法國革命中，鮮少使用這種鼓吹仇恨的手段。那時期交戰國家的國民，仍會尊重彼此的成就和文明。英法交戰期間，英國人可以安全地在法國旅遊；普法七年戰爭期間，法國人和普魯士腓特烈大帝彼此之間仰慕不減。

十七、十八世紀的戰爭是貴族而非平民之間的競爭。但到了二十世紀，通訊、交通、武器、教戰方式的進步，把戰爭變成人民間的爭鬥，平民和軍人一起捲入，財物和生命遭到大規模的破壞。現在，一場戰爭可以摧毀好幾世紀在都市建造、藝術創造、文明發展等方面的努力。但可堪告慰的是，現代戰爭促進了科技發展，這些致命的發明，若沒有和戰時貧窮、及野蠻的行為一起同歸於盡，等到和平時期就可以增進人類的物質成就。

每一個世紀的軍人和統治者（除了印度阿育王〔Ashoka〕㊼和羅馬屋大維之外）都會對哲學家的反戰論嗤之以鼻。若用軍事的觀點來詮釋歷史，戰爭是最終的仲裁者，除了膽小鬼和傻瓜之外，大家都會認為戰爭是自然且必須的。

若非鐵鎚查理（Charles Martel）在圖爾（Tours）一役的勝利（見注釋❾），法蘭西和西班牙就變成伊斯蘭教國家了。若沒有軍隊抵抗蒙古和韃靼人入侵，我們的古典遺產會怎麼樣？我們譏笑那些沒有戰死在沙場上的將軍（卻忘了他們活著比死了更有價值），但他們若擊退希特勒或成吉思汗，我們便為他們塑像紀念。（軍人說）：

㊼阿育王是印度孔雀王朝的第三代君主，是一位佛教徒，後來成為佛教護法。根據佛經記載，紀元前二七三年阿育王的父親頻頭娑羅逝世，阿育王在大臣成護的幫助下，與其兄蘇深摩爭奪王位取勝，並把王族政敵全部殺死，在統治初期被認為是一個暴君。不久阿育王篤信佛教。在紀元前二六一年征服羯陵伽國，死傷數十萬。其統治時期成為古代印度歷史上空前強盛的時代。據說，阿育王由於在征服羯陵伽國時，親眼目睹了大量屠殺的場面，深感悔悟，於是停止武力擴張，而採用佛法征服。

「很可惜許多年輕人戰死沙場，但是，比起戰死沙場，更多年輕人死於車禍，許多年輕人因缺乏自律而行為放蕩、生活糜爛；他們血氣方剛、愛冒險，不遵守日常規律，需要有地方發洩；既然他們遲早要死，何不讓他們在戰爭的麻醉和榮耀的光環中為國犧牲呢？」

即使哲學家（如果他懂歷史的話）也會承認，長久的和平，可能會嚴重損害一個國家的軍力。目前國際法不彰又缺乏國際共識，每個國家都得隨時準備好自衛；當攸關國家基本利益時，一個國家，應該有權採取任何必要行動以確保生存。當生存受到威脅時，就管不得《十誡》了。

（軍人又說）很顯然，今天美國得繼承英國十九世紀做得很出色的任務——保護西方文明不受外來威脅。這任務打從一些共產國家挾著高生產率與新武器，一再宣稱要破壞非共產國家的經濟和獨立便開始。

一些新興國家，渴望工業革命能帶給它們富裕經濟和強大軍力，所以他們看到蘇聯在共產主義管理下迅速工業化，印象深刻，而西方資本主義雖然可能較有生產力，但它的發展速度似乎較緩慢。新興國家的領袖若急於掌控國內的資源和人力，很容易被共產國家的宣傳引誘、滲透和顛覆。若不阻止這個擴張過程的話，所有的亞洲、非洲和南美洲遲早都會變成共產國家，而澳大利亞、紐西蘭、北美和西歐將會四面受敵。果真如此，想像它會對日本、菲律賓、印度和義大利的共產黨產生什麼影響？想像如果義大利共產黨獲勝，會對法國的共產運動產生什麼影響？英國、斯堪地納維亞、荷蘭和西德會處在共產黨控制的大陸上，受其擺布。

和平，只是一種特例

美國目前正處於權力頂峰狀態，此時它應該這麼做嗎——退回自己的邊境內，讓敵對國家控制美國貿易的路線，就像所有被圍困的人民一般，被逼著效仿敵人成立獨裁政府，讓過去自由且具活力的生活受到恐怖籠罩？美國領導人應該只考慮目前重享樂的一代，還是也應該考慮，未來世代的美國人會希望他們怎麼做呢？立即反抗，先發制人，在別國領土內打仗，如有必要犧牲十萬條美國人性命，及或許上百萬平民性命，以換得美國自由穩定的繼續生存，這不是很聰明的作法嗎？從過往歷史中可以發現，這是多麼具有遠見的政策呀！

哲學家會說（這是作者自比）：對，的確可以這樣做，只不過隨著參戰軍隊的數目增加，以及武器的無敵摧毀力，毀滅的結果將難以想像。在某時某處，為了人類，我們必須改寫惡例，將「己所不欲，勿施於人」的金科玉律運用到國家上，如信佛教的印度阿育王在紀元前二六二年做的，或至少像屋大維在紀元九年命令繼子提比略（Tiberius）停止入侵日耳曼。

不管我們得付出多大代價，我們要拒絕把中國變成一百個廣島。愛爾蘭保守派政治家柏克曾說：「政治上的寬懷大度常常是大智慧；大帝國結合小心眼定會壞事。」想像美國總統這麼告訴中國和蘇聯的領導人：

「如果我們追隨歷史慣例，我們就該向你們宣戰，因為我們害怕你們的下一代可能會對我們不利。或者，我們應該模仿一八一五年神聖同盟㊽的可怕先例，奉獻我們的財富以及我們最健康的青年，用來鎮壓世界各地的反美運動。

不過，我們願意嘗試新的對應方式。我們尊重你們的文明和人民，我們會努力試著體會你們的感覺，了解你們想在發展各種制度時能免於受攻擊的恐懼。我們絕不可讓彼此的恐懼發展成戰爭，因為我們彼此手中的武器，具有史無前例的毀滅性，後果無人可以預期。我們提議派遣代表與你們的代表定期會談，化解我們之間的歧見，停止對彼此的敵意和顛覆，並共同裁減武器。

若我們在世界其他地區，為爭奪當地人民的效忠而互相競爭，我們同意交由當地人民經公平的全民普選來決定。讓我們對彼此敞開大門，開始文化交流，增進對彼此的了解和欣賞。我們並不怕你們的經濟制度會取代我們，你們也無須害怕我們的制度會取代你們的；我們相信每個制度都可以彼此學習，並互相合作，和平共

㊽神聖同盟是拿破崙帝國瓦解後，由俄羅斯、奧地利和普魯士三個王國的國王，於一八一五九月二十六日在巴黎會晤時建立的一個同盟。歐洲大多數國家後來參加了這個鬆散的政治組織。

處。也許我們在維持足夠自衛軍力的同時，可以和其他國家簽定互不侵犯條約，在這個約定之下，也許會出現新的世界秩序，每個國家都能自願簽定合約，以維持主權獨立與其獨特性。

請求你們與我們一起對抗歷史，一起共同增進國際間的禮儀與友好。我們在全人類面前發誓誠心誠意遵守這項約定。如果我們輸了這個歷史性的賭注，結果也不會比戰爭更差。但如果我們成功了，未來好幾世紀的人類都會感念我們。」

軍人笑了：「你忘了歷史的教訓，以及你之前描述的那些人性了。有些衝突根深蒂固，很難用協商解決；而且（如果我們以歷史為師的話，）協商曠日廢時，在還沒完成協商時，政權可能就被推翻了。世界秩序不能只靠一紙君子之間的協定，得靠某一強國的大勝利，那時，那個強國就可以支配世界，發號施令，維持國際法，像當年從屋大維到哲學家皇帝奧理略的羅馬一樣。和平是一種特例，且很快就會因國際軍事力量重新分配而結束。你自己也曾說過，人是競爭的動物，由人組成的國家一定會和人一樣，現在國際上也正是由天擇決定存亡。

國家之間唯有在遭到同一個外敵攻擊時，才能有基本的互助合作。或許我們現在正迫不及待朝更高一層的競爭前進，我們可能和其他星球或星系上野心勃勃的物種接觸，然後很快就會來個星際大戰。那時，也只有那時，地球上的我們才會真正團結起來。」

威爾・杜蘭嘉言錄

- 如果一個國家預見會和另一國起衝突，便會鼓勵人民憎惡該國，並製作口號以加強仇恨；與此同時卻還強調自己愛好和平。
- 世界秩序不能只靠一紙君子之間的協定，得靠某一強國的大勝利。
- 和其他星球野心勃勃的物種接觸，然後來場星際大戰，只有那時候，地球上的我們才會真正團結起來。

第十二章

誰將發展？誰會沉淪？
讀史

我們不能確定未來會重複過去，

每一年都是新的冒險。

我們曾把文明定義為「促進文化創造的社會秩序。」政治秩序經由習俗、道德和法律而建立，經濟秩序經由持續的生產和交換而產生，文化創造得依靠原創、發表和試驗過程的自由和便利，它是觀念、文學、禮儀、和藝術的果實。文明，是個交纏複雜而不穩定的人際關係網路，建造起來很費工夫，但要毀壞卻很容易。

為什麼歷史上充滿了文明傾頹的記載，好似在告訴我們——如英國詩人雪萊（Shelley）的詩《奧西曼提斯》（*Ozymandias*）所言——死亡是萬物的定數？在歷史的成長與衰頹的過程中，有沒有什麼軌跡可循，讓我們能夠從過去的文明預測我們的未來？

有些想像力豐富的人是這麼認為的，甚至正在預測未來。詩人維吉爾在他的《第四牧歌》（*Fourth Eclogue*）中宣稱，有一天，整個宇宙將會掉入已被人遺忘的遠古一模一樣的情況，因為天災與人禍會把人類變革的才能耗盡，而且過去發生的情況，未來也會一再重演。

「將會有另一個舵手提費斯（Tiphys），另一艘神船阿爾戈號（Argo）乘載受愛戴的英雄傑森（Jason）等；也會有其他戰爭㊾，而偉大的阿基里斯會再度被派到特洛伊。」

尼采曾為人類這個「永恆循環」（eternal recurrence）的厄運而發了瘋，但這麼愚蠢的說法，只有在哲學家作品裡才找得到。

歷史當然會重演，但只是在大方向和大的事件上如此。我們可以合理的預期，未來（像以往一般）會有新國家興起，老國家凋零；新文明會從農牧業開始發展，擴展到工商業，金融業。

而在思想上，也會從超自然的神奇時代進入，到傳說時代，再到自然主義的詮釋時代（不探究超自然因素的哲學立場，如十八世紀社會學家維柯〔Vico〕和孔德〔Comte〕所主張的）。新理論、新發明、新發現、和新的錯誤會刺激思想發展；新世代會反抗舊世代，並經歷叛逆、適應、到復古的過程；道德的實驗會鬆動傳統、驚嚇到既得利益者；但革新帶來的狂熱也會隨著時光被無情的遺忘。

人類越來越難被推理

歷史大體上會重複，因為人類天性改變的速度和地質的改變一樣緩慢，人類天生會對常發生的情況和刺激，如飢餓、危險和性，做出制式的反應。不過，和原始社會比起來，在高度發展而繁複的文明裡，人與人間的獨特性越來越高，差異也越來越大，而許多新情境、新的狀況，需要修正本能的反應才能應對；因此，很多習俗漸漸消失，人類越來越難被推理，結果就越來越難預測。**因此我們不能確定未來一定會重複過去，每一年都是新的冒險。**

㊾這是取材自希臘著名神話「傑森尋找金羊毛」的故事。傑森是國王埃宋的兒子，埃宋去世後，傑森的叔父篡奪了王位，傑森於是要求叔父還回王位繼承權，叔父說如果傑森可以取得科爾基斯（Colchis）的金羊毛，便將王位讓出。於是，傑森立即號召眾英雄，包括偉大舵手提費斯，搭上由阿爾戈斯（Argus）打造的名為阿爾戈號（Argo）的大船，一同遠征尋回金羊毛。

有些思想家企圖將歷史大體上的規則，硬套入偉大的模式中。法國社會主義的發起人聖西門伯爵（Comte de Saint-Simon, 1760-1825），將過去和未來分割成「有組織的社會」和「批判型社會」兩個時期的交互輪迴：

人類發展的法則⋯顯示兩種截然不同、互相交替的社會型態：第一是有組織的社會——所有人類行為可被歸類、可預測、可依某個廣泛理論加以規範，社會活動的目的很清楚；第二是批判型社會——所有社群、活動、以及所有關係都停止，社會只是一群各自為政的個人，在彼此互相衝突中，組成一個烏合群體。

這兩種型態或情況，分別占據不同的歷史階段。有組織的社會多半在批判型社會之前，像是希臘時代的前期，至於希臘時代後期（我們稱為哲學時代）則是典型的批判型社會。後來新的學說興起，歷經不同的階段發展，最後凌駕於西方文明之上。教會的成立則開始另一個有組織社會，結束於十五世紀，當時的新教革命開啟了另一個批判型社會，一直到今天⋯⋯。

在有組織的社會中，所有基本問題（宗教的、政治的、經濟的、道德的）都可以得到低限度的解決，社會因此進步，也提供了各項建制的保護。但很快的，這些進步和建制會，讓原本的解決方法變成無效，於是刺激了新的應變方式。批判型社會——論爭、抗議、……轉型的階段——以懷疑、個人主義、和對大問題的漠然取代了之前的心態。在有組織的社會，人類忙著建造，而在批判社會，大家又忙著毀滅。

聖西門認為，社會主義會帶來一個新的、信仰一致、有組織、互助合作、長治久安的有組織社會。若是共產主義能帶來成功的新生活秩序，則聖西門的分析和預言就應驗了。

德國政治哲學家史賓格勒（Oswald Spengler，著有《西方的沒落》）的理論和聖西門的類似，不過他把歷史分割成各自獨立的文明，每一個文明都像四季循環一樣有獨自的生命週期和發展軌道，他的理論主要分為兩個階段：向心組織階段——文化的所有層面統合為獨特、一致且具藝術性的形式；離心組織階段—文化和信念在分裂，也在批判中衰退，造成個人主義、懷疑論、和突破傳統的混亂局面。聖西門期待新的社會主義能帶來新的統合；史賓格勒（跟法國政治家塔列朗〔Talleyrand〕一樣）則懷念過往的貴族政治：生活與思想都是一致的、有秩序的，並創造出許多有生命力的藝術作品。他說：

西方文明的分界大約是從紀元一八〇〇年開始。在一八〇〇年之前，文明由內部發展，人民自給自足，從中世紀哥德（Gothic）文化初萌芽，一直到歌德（Goethe）和拿破崙時期，不斷蓬勃發展。一八〇〇年之後，文明則轉由大都市裡的知識分子所形塑、他們過著灰色的、虛假的、無根的生活。……這樣的結果是必然且無法改變的，不能理解的人就不配稱自己了解歷史。

文明為何發展？又為何衰退？

但至少大家都同意一點：文明肇始、興盛、衰退，然後消失——或者苟延殘喘像活水淤積而成的一潭死水。那麼，是什麼造成文明的發展？又是什麼造成衰退呢？

今天沒有任何一名學者，會認真看待十七世紀的「社會契約」觀念：政府是個人之間、或人民和統治者之間的社會契約。也許大多數的政府（即政治組織）都是一群人征服另一群人後成立的，征服者持續以武力統治被征服者，他的命令就是最初的法律，再加上人民的習俗，就形成了新的社會秩序。拉丁美洲許多國家顯然是這麼建立的。而當統治者得天獨厚（如埃及或亞洲的河流）獲取經濟利益時，就會構成另一種文明的基礎。

當被統治者的思想與情緒，超越日常單調的生活時，統治者和被統治者間就會進入一種危險的關係。這種情勢的升高，可能來自於環境中的任何挑戰與改變，例如外來者的侵略或久旱不雨；前者可以導致增強軍備，後者則能促成灌溉溝渠的興建。

如果我們把問題再往後推一步：環境中的某個挑戰是否能被承擔，到底是由什麼來決定？答案是：這取決於初遇挑戰的人，是否有決斷力、創造力、頭腦清晰、意志堅定（這幾乎是天才的定義），能夠根據新的情況做出有效的應變（這幾乎可以和聰明畫上等號）。

如果我們問，有創造力的人是怎麼來的，這就得從歷史跳到心理學和生物學——即環境的影響以及染色體的隨機組合和奧祕。無論如何，當挑戰獲得圓滿解決後（如一九一七年第一次世界大戰、一九三三年經濟大蕭條、以及一九四一年第二次世界大戰的美國），如果成功者沒有元氣大傷（如一九四五年的英國），國家的氣象和層次將會大大的提高，讓它更有能力迎接更高的挑戰。

如果上述就是發展的原因，那又是什麼造成衰退呢？我們是否也可像史賓格勒和其他許多人一樣，將文明看成一個有機體，自然且神祕的就有自行發展的能力，然後會走向衰亡？用生理學或物理學來比擬一個團體的行為，將社會的衰退歸因於生命週期，或者某種內在能量不可逆的消耗，是很吸引人的說法。

這樣的比擬可以提供暫時的解釋，例如當我們將個人結社比擬為細胞的結合，或將銀行跟銀行間的資金周轉，比擬成心臟的收縮與舒張。但是團體雖是由個人組成，並非是真正具有生理作用、附加在群體上的有機體。它沒有自己的大腦或胃，它得靠群體成員的腦袋思考，靠群體成員的神經感覺。當一個團體或文明衰亡，多半不是因為某種奧祕的生命週期限制，而是因為它的政治或思想領導者無法成功迎接挑戰。

文明的挑戰從何而來？

挑戰可能來自十幾個不同的原因，也可能在一再重複和組合之後，升高到毀滅的程度。雨量減少，會讓土地變成乾涸不毛。土地可能因為耕作方式不對或使用過度而不再肥沃。用奴隸取代自主的勞工可能會降低生產動機，導致田地荒蕪、都市缺糧。貿易方式和路線的改變——如海域或空域的占領——可能導致文明古國不再繁榮、慢慢衰退，就像一四九二年之後的比薩（Pisa）或威尼斯一樣。稅賦太高可能打消商人投資意願、降低工人生產動機。國外市場和原料可能被競爭對手搶走；入超太多可能會消耗外匯存底。財富過於集中，可能會讓國家陷於階級或種族鬥爭。人口和貧窮太過於集中於都市，可能會逼著政府選擇發放救濟金，但卻削弱經濟，或有冒暴動和革命的風險。

經濟的發展會加大社會的不平等，導致社會的分裂：形成有知識水平的少數，與多數的愚夫愚婦——他們或因先天或因環境使然，無法繼承或發展出高水準的生活和品味。當這些愚夫愚婦越來越多，就會變成少數菁英的負擔，當這些愚夫愚婦的交談、穿著、休閒、感覺、判斷和思考的方式向上層知識分子傳開，**「遭多數人野蠻化」是少數菁英分子，在把持教育和經濟機會時，得付出的部分代價。**

文明真的會死嗎？不盡然

教育普及之後，相信宗教教義的人銳減，神學變成一種表面上的順從，不再對行為和思想產生真正的影響。生活和思想開始俗世化，超自然的解釋和恐懼不再受重視。因為人類的起源已被揭露，神的監督和制裁也就不再存在。古希臘哲學家摧毀了舊宗教信仰，現代歐洲許多哲學家也達成類似的成果：古希臘哲學家普羅泰戈拉（Protagoras）變身為伏爾泰，犬儒學派學者第歐根尼（Diogenes）變身為盧梭，唯物主義哲學家德謨克利特（Democritus）變身為英國政治家霍布斯（Hobbes），柏拉圖變身為德國哲學家康德（Kant），法國啟蒙運動思想家司拉西厤查斯變身為尼采，亞里斯多德變身為英國社會學家史賓塞（Spencer），伊比鳩魯（Epicurus）變身為法國啟蒙思想家狄德羅（Diderot）。

不論古今，理性思考終結了支持道德規範的宗教。新的宗教產生，但他們和統治階級分離，並不為政府服務。紀元前一世紀理性主義勝利，帶來了懷疑論和享樂主義的時代，凌駕於神學之上，紀元後一世紀，理性主義再度獲得勝利。

處在道德規範鬆綁的這一代，是迷失的一代，他們縱情奢華、腐敗，家庭和道德混亂失序，只有少數人絕望的想抓住過去的規範。很少有人還會認為「為國犧牲是件美好光榮的事」。現在，領導者的失敗，可能會讓國家因為「內鬥」而癱瘓。戰爭時，一次決定性的挫敗可能招致更致命的打擊；或者，外來蠻族入侵加上境內野蠻主義橫行，則可能會結束一個文明。

這個畫面是否很讓人沮喪？其實並不見得。生命本身無永恆，不管是個人還是國家。死亡是很自然的，如果適得其時，則是可被接受、也是好的，思想成熟的人不會因它的來臨而憤怒。

不過，文明會死嗎？在此重申，答案並不盡然。希臘文明並沒有真的死去，它的外表也許消失了，但卻到處播散開來，它在民族記憶中存活，範圍廣大，沒有任何人或國家窮其一生可以完全吸收。古希臘詩人荷馬（Homer）[50]現在的讀者，比他當時自己國家裡的讀者還多。希臘詩人和哲學家的作品，在每個圖書館和大學裡都找得到。在我們寫這本書的同時，有十幾萬哲學愛好者，正在研究柏拉圖的思想，以擴展自己的人生。這種富創造力思想的復甦，是最真實也最有益的不朽形式。

國家會亡。老的區域會變得荒瘠，或者歷經其他改變。但是，韌性堅強的人會收拾起他的工具和手藝，帶著記憶，出發前行。如果教育加深、加廣了那些記憶，文明會跟著他走，在某個地方建立新家。在新的土地上他無須從頭開始，也不會缺乏支援；傳播和交通，像很營養的胎盤，把他和母國連在一起。羅馬輸入希臘文明，將之傳播到西歐；美國得利於歐洲文明，現正準備以前所未見的傳輸技術，將之繼續傳播開來。

文明是世世代代的民族魂。就像生命以繁殖戰勝死亡，老去的文化跨越歲月、跨越海洋，將它的遺產傳給繼承人。就在我們書寫這些文字的同時，商業、印刷、電線、電波、和肉眼見不到的空中信使，正將各個國家和文明連結起來，記載了每一個人類遺產。

⑸ 荷馬是公元前一千年希臘的一個偉大詩人。他的兩部史詩《伊利亞德》（*Iliad*）和《奧德賽》（*Odyssey*）是描寫希臘人遠征特洛伊城的故事。

威爾・杜蘭嘉言錄

- 在高度發展而繁複的文明裡，人的獨特性越來越高，因此很多習俗漸漸消失，人類越來越難被推理。
- 少數菁英分子把持教育和經濟機會時，得付出「遭多數人野蠻化」的代價。
- 法國社會主義發起人聖西門：歷史大體上是「有組織的社會」和「批判型社會」的交互輪迴。
- 國家會亡，但韌性堅強的人會收拾起工具和手藝，帶著記憶出發前行。如果教育加深了這些記憶，文明會跟著他走。

結語

人類，
真的有進步嗎？

如果教育是文明的傳承，
我們無疑在進步中。

綜觀歷史上各個國家、道德與宗教的消長，不免讓人懷疑「進步」這個詞的意義。進步只是每個世代虛榮的例行口號嗎？既然我們已經承認，人性從遠古以來就沒有多大的改變，所有的科技發展都不能說是進步，只能算是為了達成舊有目標——取得貨品、追求異性（或同性）、面對競爭、發動戰爭——的新方法。

在這個令人覺醒的世紀，令人沮喪的新發現之一是，科學是中立的，它可以幫我們殺戮，也可以為我們療傷，但它為我們從事的毀滅比建造要來得迅速。哲學家培根傲人的箴言「知識即力量」，現在聽來多沒有說服力啊！有時我們不免覺得，中古和文藝復興時期（強調神話和藝術，而非科學和權力）的人可能比我們更有智慧，人類一再強化工具，卻從沒學習如何改變目標。

科技，是好事也能壞事

人類在科學和技術上的進步，帶來許多好處，但也帶來同等壞處。舒適和便利已經削弱了我們的體能和道德意識。我們在行動工具上有著極大的發展，但有些人卻將它用來犯罪、殺人或自殺。我們的行動速度比以前快兩倍甚至三倍、五倍，但這麼做的同時也扼殺了自己親自行走的勇氣；即使現代的交通工具時速可達到兩千英里，我們還是兩隻腳、穿著長褲的猿猴。

我們為現代醫學的進步喝采，只要這些進步沒有帶來比病痛更糟的副作用；我們要感謝醫生們勤勉與強韌的微生物、變化多端的疾病競賽；醫學幫我們添加了幾歲的壽命，只要那幾年不是拖著疾病、殘廢或陰鬱的過日子，我們真的應該心存感激。

對於如何獲悉地球上各地的各項活動，我們和以前的人比起來，的確強上好幾百倍，不過，有時真羨慕我們的祖先，他們平靜的生活，只會偶爾稍稍被村裡的新聞打擾。我們已經大大的改善了工人和中產階級的生活，這值得讚賞，但我們卻任由我們的城市，與黑暗而髒亂的貧民窟一起化膿潰爛。

我們因宗教的解放而雀躍，但我們發展出獨立於宗教之外的倫理道德了嗎？——我們需要一個夠強的倫理道德，來限制我們貪婪、好鬥、好色的本能，以免文明沉淪於貪婪、犯罪和亂交的泥沼中。我們是否真的不再歧視別人，還是只是把宗教的偏見轉換成對其他民族、意識形態或人種的敵意？

十九世紀一位旅人曾說：「由東往西走，禮儀漸次下降；亞洲是差，歐洲是壞，美國西部各州則是全面的壞。」而現在，東方正在仿效西方。

我們的法律是否提供犯罪者太多保護，讓他們免受社會和國家的制裁？我們是否擁有太多我們的智慧無法消化的自由？還是說，我們現正瀕臨道德與社會的失序，那些害怕的家長們只好衝回教會的懷抱，求它幫忙教養小孩。

當人類懂越多，傷痛就越大？

這麼做會對思想的開放與自由造成多大的傷害？還是從法國哲學家笛卡兒（Descartes）以來，哲學發展都是錯誤的，因為它並未了解到，「神話」對人類有多大的安慰作用？《聖經》上寫道：「知識越多，悲痛就越大；智慧越多，哀傷就越多。」

哲學思想從孔子以來有沒有任何進步？而文學從最早的劇作家艾思奇利斯

（Aeschylus）[51]以來有任何進步嗎？我們的音樂形式，如同雄偉的管絃樂一樣日漸複雜，但我們能確定，它比十六世紀的羅馬學派作曲家帕勒斯提那（Palestrina）[52]的音樂更有深度嗎？或者比中古時期阿拉伯人，用簡單撥絃樂器伴奏的單音曲調更具音樂性、更激勵人心？

英國著名翻譯家雷恩（Edward Lane）這麼描述開羅的樂師：「所有我喜歡的音樂中，……他們的歌謠最讓我著迷。」當代建築大膽、創新、令人欽佩，但和古埃及或希臘的神廟比起來如何？現代雕塑和埃及第二大金字塔卡夫拉（Chephren）和希臘信使荷米斯（Hermes）[53]的雕像比起來如何？我們的浮雕和古波斯首都波斯波利斯（Persepolis）或雅典帕德嫩神廟比起來如何？或者，我們的繪畫和哥德式繪畫創始人范艾克（van Eycks）或德國畫家霍爾班（Holbein）的比起來又如何？如果說「藝術和文明的本質就是以秩序取代混亂」，那美國和西歐的當代繪畫，是否就是以混亂取代秩序，生動象徵了我們的文明墮入混亂而無結構的衰敗中？

對環境的掌控提高，就是進步

歷史實在是太豐富且無私了，所以幾乎任何預設的結論，都可以從歷史中得到案例來印證。若我們本著比較樂觀的偏見來做選擇，也許可以得到比較令人欣慰的反省。但或許我們應該先定義什麼是「進步」，如果進步代表更加幸福，則一開始我們就知道沒有這回事了。我們的煩惱永無止境，無論克服了多少困難、實現了多少理想、人類總還是能找到愁苦的理由。至於一廂情願的認為，人類或宇宙是不值得獲得認同的，只能算是聊表自慰了。

---

⑤1 艾思奇利斯是現存最早有劇作存世的戲劇家。他生於公元前五二五年，少年時曾參加抵抗波斯人入侵的戰爭，戰爭的衝擊影響了他日後的劇作。

⑤2 帕勒斯提那是羅馬天主教會中，最偉大的教會音樂作曲家，這位義大利的作曲家原名是皮爾魯基（Pierluigi），現在被人所熟悉稱呼的名字其實是他的出生地，是羅馬附近的一個小鎮。

⑤3 希臘神話中，神的信使荷米斯是宙斯（Zeus）與美雅（Maia）所生的兒子，管理商業、旅行及競技等體能鍛鍊，頭戴著插有羽翼的帽子，腳上穿著插有羽翼的鞋子，手持雙蛇纏繞的商蛇杖（Caduceus）。

有人將「進步」定義為，小孩平均生活過得比過去的大人或聖哲更好，但這似乎是很傻的事，因為小孩子本來就比大人或聖哲幸福快樂。那麼，有沒有更客觀的定義呢？如果我們將「進步」定義為對環境享有更大控制，那麼這個定義可能在人類和最低等的有機體身上都適用。

我們不能要求進步一定得是持續或普遍的。畢竟「退步」是存在的，就好像人會失敗、疲勞，要休息一樣。但**如果現階段我們對環境的控制增加了，那「進步」就是存在的**。

我們可以假設在任何時期，都有某些國家在進步、某些在衰退，如冷戰時期蘇聯的進步和英國的衰退。同一個國家可能在某一方面進步，但在另一方面退步，例如美國現在的科技正在進步，但在繪畫與藝術方面正在衰退。

假如年輕的國家（如美國和澳大利亞）大部分的有志之士都投入於實用、發明、科學類領域，而不是繪畫、詩詞、雕塑或文字等藝術，我們就得認清，每個世代和地域在追求進步時，會有不同的需要，而這些需求會引出特定的天才。我們不應該將某時某地的成就，和人類過去的精粹作品相比較。因為真正的重點在於，一般人是否增加了控制生活的能力。

殯葬業叫苦，代表人類真的有進步

如果用長遠的眼光來看，現代人的生活雖然不穩定、混亂、甚至危險，但和原始人類的無知、迷信、暴力和疾病比起來，我們還算有希望的。一些文明國家最底層人民的生活，或許和野蠻人沒有多大差別，但在底層之上，數千、數百萬人的心智和道德。已經達到了原始人從沒能及得上的層次。在都市生活繁雜的壓力下，我們有時會遐想能逃遁到文明之前的簡單生活；但跳脫這些浪漫的遐想後，我們其實知道，這只是一種逃避現實的想法而已；崇拜原始生活和我們年輕時的不成熟想法一樣，是青少年適應不良的發洩。

「灑脫的野人」如果不必擔心獵刀、小蟲子和爛泥應該會很開心。對現存原始部族的研究顯示，他們的嬰兒死亡率高、平均壽命不長、體力和速度不佳、很容易染病。如果長壽意味著較能控制環境，那麼由死亡率可以得出人類的進步，因為過去三百年來，歐洲和美洲的白人壽命已延長了三倍。前一陣子在一個喪儀師的會議上，有人討論到這一行已面臨死亡率減緩的危機。顯然，殯葬業的叫苦，代表人類真的有進步。

比較古人和今人，古人不見得勝出。現代國家已經不再鬧饑荒了，一個國家不僅可以生產足夠餵飽全國人民的食物，還可以輸出數千萬蒲式耳的麥子給需要的國家——這能說是小成就嗎？我們真的準備要放棄有助消除迷信、蒙昧和宗教歧視的科學了嗎？或者放棄幫我們達到前所未有的食物產量、住宅擁有率、舒適、教育以及休閒的新技術？

你真的想回到過去嗎？

和英國議會與美國國會相比，我們真的會比較喜歡雅典的市集廣場（agora）或羅馬的公民議會（Comitia）嗎？我們會滿意像雅典那樣有限的民主，或者滿意統治者由貪腐的禁衛軍選出嗎？我們寧願受雅典共和國或羅馬帝國法律管轄，而不願接受賦予我們人身自由、陪審團制度、宗教與思想自由、以及婦女解放的憲法嗎？

雖然我們的道德較鬆散，但有比雅典將軍阿爾奇畢亞得斯（見注釋⑰）更荒淫無度嗎？有任何美國總統，像希臘政治家伯里克利那樣和博學的妓女一起生活嗎？我們會以我們優秀的大學、眾多出版社、豐富的公共圖書館為恥嗎？雅典有許多偉大的劇作家，但有哪一位比莎士比亞更偉大？古希臘劇作家阿里斯托芬（Aristophanes，有喜劇之父之稱）的作品，有法國喜劇天才作家莫里哀（Molière）那麼深刻、那麼觸及人性嗎？古希臘三位雄辯家狄摩西尼（Demosthenes）、伊索克拉底、和埃斯基涅斯（Aeschines）的口才，會比十八世紀英國政治家卻森（Chatham）、愛爾蘭政治家柏克、和喜劇作家謝里單（Sheridan）的還優秀嗎？

我們該把吉朋放在希羅多德（Herodotus）[54]或修昔底德之下嗎？古代散文中的虛構敘事，比得上現代小說的廣度和深度嗎？我們也許會覺得古代藝術勝出，但一定還是有人比較喜歡巴黎的聖母院勝過帕德嫩神廟。

如果美國的開國元勳，能穿越到今日美國，或是英國政治家福克斯和邊沁（Bentham）來到今日英國，或伏爾泰和法國啟蒙思想家狄德羅，能到今日法國，他們難道不會斥責我們現代人不知感激，不知自己活在今日而非昔日（縱使是伯里克利或屋大維治下的黃金時代）有多幸福？

對於我們的文明，有沒有可能像其他文明一樣滅亡？我們實在無需過於煩惱。就像普魯士腓特烈大帝在科林（Kolin）㊿對他節節敗退的部隊所說的：「你們會長生不老嗎？」也許生命從新開始是好事，新的文明和文明的中心應該有機會嶄露頭角。與此同時，迎接正興起的東方的挑戰，也許是西方重新振作的契機。

偉大的文明不會完全滅絕。某些珍貴的成就歷經興亡消長仍然存在：如火與光、輪子與其他基本工具的技術；語言、寫作、藝術、歌唱；農業、家庭、扶養子女；社會組織、道德、慈善；以及用教育來傳輸家庭和種族的知識與傳說。這些是文明的組成成分，它們在文明交替的多變過程中，被堅決的捍衛著，它們貫穿了人類歷史。

如果教育是文明的傳承，我們無疑在進步中。

文明無法繼承，必須重新學習

文明不是用繼承的，每個世代必須重新學習、並填入新的；如果文明的傳承被打斷超過一個世紀，文明就會滅亡，我們會再次成為野蠻人。所以說，我們當代最大的成就，要算是史無前例的花大錢、出大力為大眾提供高等教育。以前的大學教育是奢侈品，專為有閒階級的男性設計；現在的大學，多到連跑步這門學問都可能有博士學位可以拿。現代人也許有某些才能比不上古人，但我們已經普及並提高知識水平。

除了小孩，沒有人該抱怨說老師是老古板與迷信。大規模的實驗才剛要開始，而

---

⑭ 希羅多德的著作《歷史》（*History*）主要是在敘述波希戰爭的經過。吉朋、希羅多德和修昔底德都以著有戰爭史而聞名。

⑮ 一七五七年初，神聖羅馬帝國（奧地利）向普魯士宣戰。同年四月，普魯士腓特烈大帝對奧開戰。五月，普軍在布拉格之戰中，打敗奧軍，但在六月十八日科林之戰中，遭到奧軍沉重打擊，腓特烈大帝被迫撤軍。

且，還可能因為那些無知與迷信的人，其高生育率而面臨失敗。不過，如果每個小孩都能受教育到至少二十歲，而且能免費上大學，並使用圖書館和博物館（它們提供並收藏人類思想藝術的寶藏），我們就可以想像教育的果實成熟之後會是什麼樣子？**教育不是痛苦的記誦事實、年代和統治者，也不只是為個人謀生所需做準備，而是盡可能的將我們的智慧、道德、技術和美感傳承給最多的人，以增進人類對生命的理解、控制、美化和享受。**

我們現在能傳承的遺產，比以前任何時期都來得豐富；比古希臘伯里克利時代的還豐富，因為包涵了一切的希臘文化；比達文西（Leonardo da Vinci）時代還豐富，因為包括了整個義大利文藝復興；比伏爾泰時代還豐富，因為擁抱了所有的法國啟蒙運動及其所有的散播成果。如果真的有進步——雖然我們仍有抱怨——那不是因為我們現在生下來的嬰兒比以前更健康、優秀或聰明，而是因為我們繼承了較豐富的遺產，知識與藝術的累積，將我們的生活提高到更高的層次。**遺產的層次升高，人類也隨著傳承而升高。**

最終，歷史是上述遺產的創造與紀錄；而更加豐富這個遺產，好好保存、傳輸和使用它，便是進步。

對那些研究歷史，不只是為了警惕人類的愚蠢和罪愆，也為了記得人類創發力的人而言，「過往」不再是一個令人沮喪、充滿不幸的房間，而是像天堂一樣，是一個遼闊的空間，其中千百個聖人、政治家、發明家、科學家、詩人、藝術家、音樂家、愛人和哲學家活在其中，不斷議論著、訴說著、雕刻著與唱和著。歷史家不會悲傷，因為他知道人類生存的意義，在於人類自身的投入。我們應該以能夠賦予人類生命的意義而驕傲，而且，有時這個意義很重大，能超越生死。

一個幸運的人在離開人世之前，會盡可能的保留其文明遺產，並將之傳給他的子孫。他在嚥下最後一口氣時，會很感激有這麼多源源不絕的遺產，因為他知道這就像是滋養人類的乳母，亦代表永生。

威爾・杜蘭嘉言錄

・我們是否擁有太多我們的智慧無法消化的自由？

・如果更加幸福就表示進步，那麼一開始我們就知道沒這回事了——人的煩惱永無止境。

・進步與否，真正的重點在於：一般人是否增加了控制生活的能力。

對那些研究歷史不只是為了警惕人類的愚蠢和罪愆，
也為了記得人類創發力的人而言，
「過往」不再是一個令人沮喪、充滿不幸的房間，
而是像天堂一樣，是一個遼闊的空間。

國家圖書館出版品預行編目資料

讀歷史,我可以學會什麼? 二十世紀最偉大歷史著作精華結論，告訴你/ 威爾．杜蘭（Will Durant）,艾芮兒．杜蘭（Ariel Durant）著；吳墨譯. -- 二版. -- 臺北市：大是文化, 2016.11
208面；14.8×21公分. --（TELL；005）
譯自：The Lessons of History
ISBN 978-986-5612-79-5（平裝）

1.歷史哲學

601.4　　105016454

TELL 005

讀歷史，我可以學會什麼？

二十世紀最偉大歷史著作精華結論，告訴你

作　　者／威爾．杜蘭（Will Durant）、艾芮兒．杜蘭（Ariel Durant）
譯　　者／吳墨
責任編輯／陳竑惪
美術編輯／張皓婷
副總編輯／顏惠君
總 編 輯／吳依瑋
發 行 人／徐仲秋
會　　計／許鳳雪、陳嬅娟
版權經理／郝麗珍
行銷企畫／徐千晴、周以婷
業務助理／王德渝
業務專員／馬絮盈、留婉茹
業務經理／林裕安
總 經 理／陳絜吾

出 版 者／大是文化有限公司
臺北市衡陽路 7 號 8 樓
編輯部電話：（02）23757911
購書相關資訊請洽：（02）23757911 分機 122
24 小時讀者服務傳真：（02）23756999
讀者服務 E-mail: haom@ms28.hinet.net
郵政劃撥帳號 19983366 戶名／大是文化有限公司

法律顧問／永然聯合法律事務所
封面設計／孫永芳
內頁排版／邱介惠
印　　刷／鴻霖印刷傳媒股份有限公司
出版日期／ 2016 年 11 月 2 日 二版
定　　價／新台幣 270 元
ISBN　978-986-5612-79-5